中国地质大学(武汉)研究生课程和精品教材项目(YJC11)资助

景观遗产保护与可持续发展导论

徐 青　王 琦　何清俊　主编

图书在版编目(CIP)数据

景观遗产保护与可持续发展导论 / 徐青,王琦,何清俊主编. --武汉：中国地质大学出版社，2024.12. --ISBN 978-7-5625-6023-4

Ⅰ.K203

中国国家版本馆 CIP 数据核字第 2024XW7504 号

景观遗产保护与可持续发展导论		徐 青 王 琦 何清俊 主编
责任编辑:张玉洁	选题策划:张玉洁 洪梦茜	责任校对:张旻玥

出版发行：中国地质大学出版社(武汉市洪山区鲁磨路388号)　　邮政编码：430074
电　　话：(027)67883511　　　传　真：67883580　　　E-mail：cbb@cug.edu.cn
经　　销：全国新华书店　　　　　　　　　　　　　　　　　http://cugp.cug.edu.cn

开本：787mm×1092mm 1/16　　　　　　　　字数：235千字　印张：11　图版：8
版次：2024年12月第1版　　　　　　　　　　印次：2024年12月第1次印刷
印刷：武汉市籍缘印刷厂

ISBN 978-7-5625-6023-4　　　　　　　　　　　　　　　　　定价：68.00元

如有印装质量问题请与印刷厂联系调换

前　言

高等教育在世界遗产保护和遗产地可持续发展中扮演着至关重要的角色，不仅关乎青年一代对遗产保护的责任和义务，也直接影响遗产保护的实际成效。自党的十八大以来，习近平总书记对加强文化和自然遗产的保护传承利用工作作出了一系列重要指示。全国各地高校积极响应和落实习近平总书记重要指示精神，依托各自的优势，开设遗产保护专业并建设相关课程，为加快培养国家急需的遗产保护高级专门人才奠定了基础。

1992年，世界遗产体系引入"景观"视野，设立了"世界遗产文化景观"这一新类别，标志着人与自然共同创造的杰出作品得到了认可，强调和谐人地关系的历史在可持续发展中的深刻启示。此后，文化景观迅速成为30余年来世界遗产体系中发展最快的旗舰类别，同时也为全球自然保护开辟了新视野。中国目前拥有全球第二多的世界遗产文化景观，并有大量具有文化景观属性的城乡遗产作为潜在资源。因此，如何认识景观遗产是我国遗产保护高等教育的重要内容。

国内外目前尚无专门的世界遗产保护教材。在国外高校，讲授遗产保护课程的教师一般以联合国教科文组织世界遗产中心（UNESCO World Heritage Centre）网站持续更新的系列文件为基础，结合个人研究与项目经验组织教学内容。国内相关图书仅见单霁翔先生所著《走进文化景观遗产的世界》（2010）和《文化景观遗产保护》（2015），但它们均非教材，而是作者对关于文化景观遗产保护的观点和实际工作经验总结报告、讲稿等的汇编。近年，中国地质大学（武汉）李江敏教授编写的教材《文化遗产与自然遗产》（2023），全面介绍了国内外现有世界遗产，但未涉及遗产保护理论与实践。对于研究生而言，不仅要了解和鉴赏遗产，更要深入学习遗产保护的体系、观念和方法等知识。大学高层次教育应与遗产保护教育的目标相结合，以提高学生的遗产认知、保护意识、专业水平和应用能力。

本教材的编写源于上述背景。基于作者在文化景观领域的理论研究与实践积累，教材全面论述了世界遗产体系及景观遗产的发展历程、景观遗产的理论基础和景观视角下的遗产实践范例。

第一章"景观遗产概论"介绍了世界遗产保护的起源与发展历史，并分析了景观成为遗产的历程，以及世界遗产体系和文化景观遗产的概况。

第二章"文化景观理论谱系"采用谱系学方法系统、全面地梳理了西方"景观"词源和"文化景观"理论视角，论述了景观价值阐释的理论基础。

第三章"《实施世界遗产公约操作指南》与澳大利亚景观遗产保护管理"介绍了《操

作指南》的运作方式,分析了对该国际指南进行本土化和创新的澳大利亚国家遗产管理体系,以及悉尼"百年纪念公园地"景观遗产保护管理的范例。

第四章"太平洋岛屿文化景观主题研究"深入分析了一个国际古迹遗址理事会文化景观主题研究的代表性案例。

第五章"庐山世界遗产文化景观价值体系研究"系统阐述了中国第一个世界遗产文化景观——庐山的价值体系。

第六章"武陵源世界遗产与可持续旅游试点项目"介绍了中国首个世界遗产与可持续旅游试点项目的创新经验及启示。

第七章"新时代的重要议题"探讨了在新时代的全球背景下,与景观遗产保护及可持续发展密切相关的重要议题。

编者

2024 年 7 月

目 录

第一章　景观遗产概论 ·· (1)
　第一节　世界遗产保护的起源与发展 ······································ (2)
　第二节　"景观作为遗产"的历程 ··· (11)
　第三节　世界遗产体系与文化景观 ······································· (16)

第二章　文化景观理论谱系 ··· (21)
　第一节　"文化景观"的词源谱系 ··· (22)
　第二节　文化景观理论视角 ··· (27)
　第三节　景观意义和价值的诠释途径 ····································· (35)

第三章　《实施世界遗产公约操作指南》与澳大利亚景观遗产保护管理 ········· (41)
　第一节　《操作指南》运作方式 ··· (42)
　第二节　澳大利亚国家遗产管理 ··· (46)
　第三节　"百年纪念公园地"的保护管理 ··································· (50)

第四章　太平洋岛屿文化景观主题研究 ····································· (63)
　第一节　太平洋岛屿——一个地理文化区域 ······························· (64)
　第二节　太平洋岛屿有机演进的文化景观 ································· (74)
　第三节　殖民时代的文化景观 ··· (88)
　第四节　关联性文化景观和海洋景观 ····································· (91)

第五章　庐山世界遗产文化景观价值体系研究 ······························· (95)
　第一节　庐山文化景观的自然基底 ······································· (96)
　第二节　自然利用的聚居智慧及情感依恋 ································ (103)
　第三节　"教以山传，山以教显"的宗教建构 ····························· (110)
　第四节　传统精英文化的自然实践典范 ·································· (118)
　第五节　政治话语的景观文本 ·· (125)
　第六节　社会建构的庐山文化景观价值体系 ······························ (128)

第六章　武陵源世界遗产与可持续旅游试点项目 ……………………（131）
第一节　武陵源 WH+ST 试点计划 ……………………………（132）
第二节　武陵源世界遗产的突出普遍价值及其载体再认知 ……（137）
第三节　武陵源世界遗产地存在的突出问题 …………………（142）
第四节　武陵源 WH+ST 试点项目示范行动 …………………（146）

第七章　新时代的重要议题 ……………………………………………（153）
第一节　可持续发展与景观遗产 ………………………………（154）
第二节　连接自然与文化 ………………………………………（155）
第三节　国家公园、保护地与景观 ……………………………（157）
第四节　中国风景名胜区与文化景观 …………………………（161）

主要参考文献 ……………………………………………………………（165）

1
景观遗产概论

"景观"成为一种前沿的遗产视野和世界遗产类别,是全球世界遗产事业发展史上的一个里程碑。

第一节 世界遗产保护的起源与发展

一、"保护"是一个现代观念

"保护"(conservation)是一个现代概念,它是传统事物受到现代性冲击的直接结果。遗产与现代性相博弈,它产生于过去,但其价值是由当代人发现、认定、保护和发展的。现代性面向未来,发展遗产就是要充分阐释和挖掘其在现代社会中存在的价值与意义,并加以展现和延续。

始于1789年7月14日的法国大革命给整个法国的历史遗迹带来了空前的灾难。建造于公元910年的克吕尼修道院遭到毁灭性破坏,仅留下南堂和钟塔(图1.1)。克吕尼修道院是在罗马圣彼得大教堂建成之前欧洲最大、最宏伟的天主教修道院,它遭到的破坏引起了考古学、历史学、城市规划等领域人士的关注。

图1.1 克吕尼修道院①

法国浪漫主义作家、考古学家、历史学家普罗斯佩·梅里美(Prosper Mérimée)在19世纪30—60年代担任法国历史文物总督察官,负责许多历史遗址的保护工作,包括中世纪的城堡和巴黎圣母院立面的修复,以他为首的有识之士直接推动了对法国历史遗迹的保护。1837年,法国成立了直接受内政部管理的历史古迹管理委员会,并开始对法国境内的历史古迹进行普查和保护。1852—1870年,拿破仑三世任命的塞纳省省长乔治-欧仁·奥斯曼(Georges-Eugène Haussmann)强力推行巴黎改造,极大地改变

---

① 图1.1来源:克吕尼修道院艺术与考古博物馆网站,https://www.cluny-abbaye.fr/en。

了巴黎的城市格局和许多中世纪的建筑古迹,引起广泛争议。1887年,法国颁布《历史性纪念建筑保护法》,保护具有国家历史及艺术价值的文物建筑和艺术品,成为全世界最早立法保护文化遗产的国家。自此,开启了现代意义的文化遗产保护实践。欧洲各国出现一批推动文化遗产保护的重要人物及思想。

二、欧洲的"保护"及"修复"思潮

约翰·拉斯金(John Ruskin,1819—1900)是英国维多利亚时代的作家和艺术家(图1.2)。他主张回归自然、观察和展示自然,并且把这种理念贯穿到设计中。他赞扬和推崇哥特式建筑,高度评价文艺复兴前期的艺术作品。在其著作《威尼斯之石》(*The stones of Venice*)(图1.3)中,他强调中世纪设计的精华思想和内容,对自然主义和哥特风格在设计中的运用有着浓厚兴趣。他的思想对威廉·莫里斯(William Morris,1834—1896)等人影响很大。

图1.2 约翰·拉斯金

威廉·莫里斯是英国设计师、诗人和早期社会主义活动家,对复兴英国传统纺织艺术和生产方式有重要贡献,是公认的维多利亚时代英国最重要的文化人物之一(图1.4)。他认为1851年英国万国博览会展出的工业品过于粗糙,便与约翰·拉斯金等人主导了"工艺美术运动"(The Arts and Crafts Movement),大力倡导恢复手工艺。1861年,威廉·莫里斯与合伙人在伦敦红狮广场成立MMF公司(Morris Marshall Fanlker&Co)。该公司前期致力于新哥特风格与中世纪风格的设计,后期发展了有机风格的设计。1877年,他又创办历史建筑保护协会,抵抗建筑修复对历史建筑造成的损害。

维欧勒·勒·杜克(Eugène-Emmanuel Viollet-le-Duc,1814—1879)(图1.5)是法国重要的哥特式复兴建筑师和建筑理论家,他的作品大部分是修复性建筑,以对中世纪建筑进行"风格性修复"(stylistic restoration)而闻名。维欧勒·勒·杜克在他负责的最著名的巴黎圣母院修复项目中,拆除了大约建造于1250年的佛罗伦萨式尖顶,重建了一座比原塔体高13米且风格不同的尖顶,使修复后的圣母院再次呈现出均衡的面貌(图1.6)。

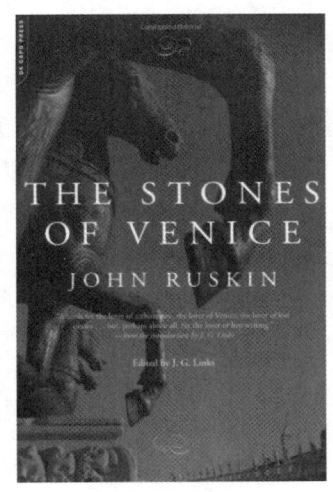

图1.3 《威尼斯之石》

图1.4 威廉·莫里斯

图 1.5　维欧勒·勒·杜克　　图 1.6　维欧勒·勒·杜克对巴黎圣母院的修复①

（左：1844 年的圣母院立面；右：1864 年修复后的立面）

在 19 世纪的欧洲，围绕是否应对破旧的历史建筑进行物质干预，人们分成"反干预派"和"干预派"。作为历史建筑保护史上的"干预派"人物代表，维欧勒·勒·杜克坚持历史保护中物质干预的必要性和正当性。他提出"风格性修复"，认为建筑风格不仅在于外形，还在于结构。因此，他在关注建筑形式的同时关注建造技术，注重对历史建造遗迹的实地考察；他坚持运用田野调查方法，建立历史建筑照片档案记录，研究中世纪建造技术，把握结构原则等，开拓了前所未有的知识领域，对中世纪建筑思想和建造系统形成全面认识。以约翰·拉斯金为代表的"反干预派"则认为，历史建筑是由匠人或艺术家在特定的历史文脉中完成的独一无二的创作，他们强调历史建筑的真实留存，反对用新的物质手段干预历史建筑的原有状态，破坏其真实性②。

阿罗伊斯·里格尔（Alois Riegl，1858—1905）（图 1.7）是奥地利艺术史学家，维也纳艺术史学派成员，西方现代艺术史的奠基人之一。他的著作《风格问题：装饰艺术史的基础》（*Problems of Style：Foundations for a History of Ornament*）被认为是现代艺术装饰史领域至今无人超越的里程碑之作。1903 年，时任奥地利皇家中央文物保护委员会主席的里格尔向当局提交了一份文物保护法草案，在其"前言"部分——《对古迹的现代崇拜：其特征与起源》，对"古迹"概念进行了分析。他根据文物被创造的动机，将保护对象分为"有意为之的历史古迹"（如金字塔、宫殿等）和"无意为之的历史古迹"（如名人故居、历史重大事件发生地等），并结合自身的艺术史观念构建了一套包括艺术价值、历史价值、当代价值等的相对完善的文物价值体系，从而为现代历史建筑保护奠定了理论基础，并为实践中的各种价值判断建立了分析标准。里格尔继承了约翰·拉斯金的一些思想，但试图通过科学的、逻辑的方法调解岁月价值与其他价值之间的

---

① 图 1.6 来源：本杰明·穆栋，2016.巴黎圣母院：建造与保护的历程及方法论[J].陈曦，张鹏，译.建筑遗产(1)：88-99.

② John Ruskin,1989.The seven lamps of architecture[M].New York:Dover Publications.

图1.7 阿罗伊斯·里格尔

矛盾,以达到在古迹保护实践中各种价值和谐共存的目的。

集建筑师、工程师和艺术理论家于一身的意大利人卡米洛·博伊托(Camillo Boito,1836—1914)(图1.8)将"干预"和"反干预"两种理论进行了微妙的综合,提出"复合的修复"(complex conception of restoration)观点,为20世纪走向更加理性和多元的保护实践建立了新的理论基础。他提出:首先确定一座历史建筑干预性修复的必要部位和干预的可能程度;一旦决定,就应该设法确认这个修复原则的合法性,并且在修复结果中呈现出来,即人们应该一眼就能辨别出修复完成的历史建筑在材质和色彩上与原始建筑的区别;此外,还应以文字和照片形式对当时的整个干预性修复活动过程进行记录。

1922年,意大利最高领导人贝尼托·墨索里尼打出恢复罗马帝国荣耀的旗号,当时的建筑保护人士开始着手保护全球范围内的建筑遗产。20世纪初,古斯塔沃·乔万诺尼(Gustavo Giovannoni,1873—1947)(图1.9)出版了一本关于建筑保护理论和方法的书——《面对古城的城市规划》(L'urbanisme face aux villes anciennes)(图1.10),深刻影响了意大利国内外历史建筑保护实践的发展方向。乔万诺尼继承并发展了博伊托的观点,认为任何时期的历史都不能被忽略,各个时期的建筑是拥有同等价值的保护对象,应通过科学严谨的保护措施来还原真实的过去,展现历史建筑背后所蕴含的人类社会生活。他坚持实证主义的史学方法,认为建筑修复工程应体现新旧部分在风格和材料选用上的区别,所有修复工作都应该记录在案,并在实际修复部位作出标记。他还鼓励人们在修复建筑时尽可能采用最接近"原始材料"的材料,例如,古希腊的历史建筑大多用石头建造,石头就是合适的修复材料,而大多数罗马历史建筑的修复则适合组合使用砂浆和混凝土。20世纪30年代,意大利的建筑保护运动如火如荼,如何保护建筑和保护的流派是当时整个社会谈论的话题,建筑保护立法不断更新,对不同的建筑采取不同的保护手段。乔万诺尼首次提出应为需要修复的历史建筑量身定制修复方案。

第一次世界大战对欧洲大陆的一些历史城市造成了毁灭性打击,面对战争带来的城市废墟,出现了不同的战后重建观念。1931年10月21日至30日,第一届历史古迹建筑师及技师国际会议在雅典召开,来自23个国家的120名代表出席了会议。此次会议就保护学科及普遍原理、管理与

图1.8 卡米洛·博伊托

图1.9 古斯塔沃·乔万诺尼

图 1.10 《面对古城的城市规划》

法规措施、审美意义、修复技术和材料、古迹的老化问题、国际合作等议题进行了充分讨论，形成了《关于历史古迹修复的雅典宪章》，又称《雅典宪章》。该宪章主要关心纪念物修复问题，吸收了乔万诺尼的保护思想，促进了广泛的国际运动的发展，所确立的主要的保护修复理念和原则后来被《威尼斯宪章》（1964年）和《华盛顿宪章》（1987年）采纳、继承和发扬。1933年，国际现代建筑协会第四次会议通过了另一份《雅典宪章》（La Charte d'Athènes）（图1.11），该宪章提出在城市发展的过程中应该保留名胜古迹和历史建筑，城市要与受其影响的周围地区作为一个整体，应将其视作完整保护对象予以尊重。

20世纪中叶，博伊托和乔万诺尼的理论又融入切萨雷·布兰迪（Cesare Brandi，1906—1988）（图1.12）的理论。布兰迪专注于艺术历史和修复理论的研究，他的"批判性修复"理论和实践对意大利及全世界的古迹修复工作产生了深远影响。他认为修复任何古迹首先必须把它与艺术工作相联系；其次，修复是在特定的空间和时间进行艺术创造，古迹的历史独特性决定了应对其采取不同的干预方式，决不能丢掉其历史"进化"的痕迹，例如，经过多年才形成的铜绿。修复者须警惕伪造艺术或历史，并确保新添加的部分与原有材料明显不同。再者，对于主体结构以石构件为主的建筑，我们应遵循能不修则不修的原则，能修复的绝不拆除重建，能小修的绝不大动干戈。在必要时，可以添加支撑和框架结构，但须确保修过的部分和原来保存下来的部分有明显的区分标识。如果后添加的修复部分需要拆除，也应能方便地将建筑复原至原迹状态。最后，在修复材料上，应运用精密的现代化仪器对文物材料进行分析，并通过填充或填补现代化学材料完成修复工作。对于破坏较为严重的文物，可以在其周边重建形制完全相同的复制品，以便人们能够在领略其艺术外形的同时理解其文化内涵。他提出的"最小干预、可逆性、可再处理、可识别"等原则，成为西方古迹修复与保护领域的主流观点。

图 1.11 《雅典宪章》（1933年）

图 1.12 切萨雷·布兰迪

三、第二次世界大战后推动遗产保护的重要国际文件

国际宪章、公约、建议等文件,不仅构成了世界遗产保护的纲领性和法规性基础,而且凝聚了国际社会在遗产保护领域的经验总结、原则共识和技术规范。从1860年到1960年这一百年间,欧洲在历史建筑保护方面的理论及实践几乎没有太大变化。然而第二次世界大战之后,面对轰炸留下的城市废墟和毁损的历史遗产,几乎整个欧洲都面临重建的艰巨任务。正是在这一时期,历史建筑保护的观念和方法发生了转变,体现在一系列国际宪章、保护公约、宣言决议等遗产保护技术文件中。主要文件如下。

(一)《威尼斯宪章》

1964年5月25日至31日,意大利政府在威尼斯举行第二届历史古迹建筑师及技师国际会议,邀请了来自61个国家的600多名从事历史建筑保护工作的建筑师和技术员。会议期间,专家们重新审阅和修订了《雅典宪章》,形成了一个全新的、适用范围更广的《国际古迹及遗址保护与修复宪章》,即《威尼斯宪章》。该文件把古代遗迹视为人类"共同的遗产",提出"保护它们是我们共同的责任……我们必须不走样地把它们的信息传下去……必须为完全保护和修复文物建筑建立国际公认的原则,每个国家都有义务根据自己的文化和传统使用这些原则"。该宪章分为"定义""宗旨""保护""修复""发掘"和"出版"六个部分,其关键点如下。

(1)历史古迹不仅包括单独的建筑作品,而且包括能够见证某种文明、有意义的发展或某种历史事件的城市或乡村环境。

(2)保护与修复古迹的宗旨在于把它们既作为历史见证,又作为艺术品予以保护。

(3)古迹保护至关重要的一点在于使之永久保存下去。

(4)古迹修复是一项专业性很强的工作,其目的在于保存和展示古迹的美学与历史价值,在修复过程中必须尊重原始材料和确凿文献。任何基于臆测的修复行为必须立即停止。

(5)古迹必须得到保存,同时必须采取必要的措施,永久性地保护建筑风貌及出土物品。此外,必须采取一切方法增进对古迹的了解,使它得以再现而不曲解其意。

(6)所有保护、修复或发掘工作均应保持准确的记录,形式包括但不限于含插图、照片的分析及评论报告。

《威尼斯宪章》对后来一系列关于历史地区和历史城市保护的宪章、建议等产生了重要影响,成为文化遗产保护的纲领性文件。该宪章更多地聚焦于历史古迹保护的真实性和完整性,虽然也提及了保护历史城市环境的原则,但其核心关注点依然是古建筑群和古遗址。

(二)《保护世界文化和自然遗产公约》(以下简称《世界遗产公约》)

两次世界大战对欧洲许多古老城镇和重要文化遗址造成了严重破坏。战争结束

后，人类的共同遗产仍持续面临自然灾害、气候变化、环境污染及开发建设等方面的威胁，这促使保护人类共同遗产和环境的国际行动及国际机构纷纷涌现。第二次世界大战结束后，联合国成立，并发起全球保护运动。1950年，墨西哥代表团在联合国教科文组织提出了创建国际遗产基金的建议，同时，联合国教科文组织也开始酝酿保护杰出文化遗产的公约。此外，世界自然保护联盟（International Union for Conservation of Nature，IUCN）也参与策划保护自然遗产的公约。1954年，埃及政府决定建造阿斯旺大坝，大坝建成后的水库将淹没尼罗河谷的大片区域，包括古埃及与古努比亚的文化宝藏。因此，埃及和苏丹政府向联合国请求协助保护和拯救濒危的古迹遗址。1960年，联合国教科文组织发起了抢救努比亚古迹遗址的国际行动，得到了全球50多个国家的支持。这一行动促成了数百个遗址的挖掘和记录、数千件文物的修复，以及将最著名的阿布辛拜勒神庙和菲莱神庙等几个重要寺庙搬迁到高地上，并成功带动了如意大利威尼斯、巴基斯坦的摩亨佐·达罗、印度尼西亚的婆罗浮屠等其他地区文化遗产的抢救保护工作。这次行动的成功促使联合国教科文组织与国际古迹遗址理事会（International Council on Monuments and Sites，ICOMOS，1965年在波兰华沙成立）共同起草关于文化遗产保护的公约。同年，美国在华盛顿召开的国际合作白宫会议上呼吁设立"世界遗产信托基金"，旨在联合保护文化遗产和自然遗产，为全世界人民和后代保护珍贵的自然资源、风景和历史遗迹。IUCN在1968年也提出了类似的建议。这些建议在1972年6月于瑞典斯德哥尔摩举行的联合国人类环境会议上被提交并讨论。

1972年11月16日，第十七届联合国教科文组织大会在巴黎举行，会上通过了《保护世界文化和自然遗产公约》

图1.13　1972年《世界遗产公约》评论（第二版）

（图1.13），并提议设立"世界遗产委员会"和"世界遗产基金"。该公约于1975年12月17日正式生效。1976年11月，《世界遗产公约》第一次缔约国大会召开，选举产生了第一届世界遗产委员会成员，并通过了《实施世界遗产公约操作指南》（Operational Guidelines for the Implementation of the World Heritage Convention，以下简称《操作指南》）。同时，基金会也开始运作。1977年，公约正式实施。

《世界遗产公约》鼓励确定、保存和维护并向后代传递具有"突出普遍价值"（outstanding universal value，OUV）的人类自然遗产和文化遗产；它明确了世界遗产的概念，规定了缔约国政府识别潜在的文化和自然遗产并加以保存、保护的职责，以及世界遗产基金的使用和管理方式等。该公约是迄今为止最重要的国际保护工具之一。截至2023年，全球已有195个国家成为联合国教科文组织《世界遗产公约》的缔约国，共同支持世界遗产保护事业。

（三）《华盛顿宪章》

1987年10月，ICOMOS在美国首都华盛顿通过了《保护历史城镇与城区宪章》，该宪章通常被称为《华盛顿宪章》。尽管它专为历史城镇与街区而制定，但却总结了《威尼斯宪章》发布后遗产保护理论与实践的发展成果，是继《内罗毕建议》和《马丘比丘宪章》之后，关于历史城区保护的又一重要文件。该宪章重申了保护与现代生活之间的紧张关系，并阐述了现代生活与城市保护之间的辩证统一，明确区分了新建建筑与原有环境，同时将它们有机整合为一个整体。《华盛顿宪章》对历史城市保护具有重要指导意义，它不仅成为世界文化遗产共同保护的新准则，还标志着城市保护与城市规划的紧密结合。此外，《华盛顿宪章》及针对历史园林保护的《佛罗伦萨宪章》，均在《威尼斯宪章》的基础上，强调了居民参与在历史古城保护中的重要性，提出保护要适应现代生活，注重相关建筑的改造升级，并界定了新建建筑与原有环境的关系标准，这些均体现了社会参与文化遗产保护的新理念。

（四）《奈良真实性文件》

《奈良真实性文件》对《威尼斯宪章》中文化遗产"真实性"概念的定义进行了修正，以便更广泛和客观地评估文化遗产。该文件由1994年11月在奈良参加"与世界遗产公约相关的奈良真实性会议"的来自28个国家的45名代表共同起草。此次会议由ICOMOS、日本文化事务部、联合国教科文组织及国际文化遗产保护与修复研究中心共同筹办。各国代表的初衷在于拓宽"真实性"定义的范畴，而日本方面则尤为关注合法化修复神社、城池等木建筑文化遗产的行为，视其为当务之急。出乎意料的是，各国代表在会议上达成共识：除了确认"真实性是定义、评估和监测文化遗产的基本要素"外，还认识到"真实性"的概念及其应用因文化背景的不同而有所差异。因此，在评估文化遗产的真实性时，应考量其所在的文化背景。在全球化背景下，文化多样性和遗产多样性都要求遗产真实性评价不能采用固定标准。《奈良真实性文件》不仅为文化遗产的真实性分析提供了一个更广泛、更具包容性的技术框架，还澄清了长期存在的有关真实性的诸多迷思，使得全球文化遗产保护决策有了重大进展，同时也为在世界遗产话语体系中原本处于弱势地位的东方国家提供了一个发声的机会。

（五）《巴拉宪章》

《巴拉宪章》（*The Burra Charter*）全称为《澳大利亚国际古迹遗址理事会文化重要性场所保护宪章》（*The Australia ICOMOS Charter for the Conservation of Place of Cultural Significance*）（图1.14），它是澳大利亚国家委员会在借鉴《威尼斯宪章》和ICOMOS第五届大会（1978年，莫斯科）决议的基础上，结合本国实际情况制定的具有重要国际影响力的遗产保护法律文件之一，也是我国制定《中国文物古迹保护准则》时的重要参考。1979年8月19日，该宪章在澳大利亚南部的巴拉市获得批准并实施。此后，澳大利亚ICOMOS分别于1981年2月23日、1988年4月23日和1999年11月

图 1.14 《巴拉宪章》

图 1.15 《中国文物古迹保护准则》

26 日对其进行了修订。

《巴拉宪章》凝聚了澳大利亚 ICOMOS 专家的智慧和经验,其特别之处在于没有沿用以往国际遗产界常用的"古迹"(monument)、"遗址"(site)等建筑遗产概念,而是创新性地以"场所"(place)的概念来诠释遗产,从而扩展了文化遗产的内涵。该宪章中的"场所"指地方、地区、土地、景观、建筑物(群)等,同时可能包含构成元素、内容、空间和景致等,并且鼓励进行更广泛的解读;"具有文化重要性的场所"即指文化遗产,而"文化重要性"则涵盖历史、美学、科学、社会或精神等方面的价值。这些概念不仅覆盖了各种类型的遗产形式,还涉及有形和无形的遗产要素,展现了澳大利亚在遗产保护方面采用灵活概念的成功创新。与其他国际遗产保护法律文件相比,《巴拉宪章》具有很强的可操作性,为具有文化重要性的场所(文化遗产地)的保护管理提供了一套科学保护程序。它为从事文化遗产保护工作或与之相关的顾问、决策者,以及遗产地的所有者设定了工作标准,并将保护视为文化遗产管理的有机组成部分和一项长期而持续的任务。

(六)《中国文物古迹保护准则》

2000 年,中国古迹遗址理事会与美国盖蒂保护研究所、澳大利亚 ICOMOS 合作,在遵循《威尼斯宪章》精神的基础上,制定了符合我国国情的《中国文物古迹保护准则》。该准则于 2002 年在国际上正式出版英文版,随后在 2015 年经历了较大幅度的更新与扩展,且获得了国家文物局的批准。该准则积极阐述了文物古迹及其保护实践的核心价值,2015 年的修订版(图 1.15)更是将中国历史和文化中具有独特意义的遗址,如历史文化名城、文化景观、文化线路、遗产运河、工业遗产等纳入其中,并认可了各类遗产与非物质文化遗产之间的紧密联系。该准则的出版与更新,充分彰显了中国自 1985 年加入《世界遗产公约》以来,在国际遗产体系中占据的重要地位及作出的贡献。

(七)《保护非物质文化遗产公约》

鉴于对人权、非物质文化遗产与文化多样性之间不可分割的联系、可持续发展以及非物质文化遗产与物质文化和自然遗产之间相互依存关系等问题的日益重视,联合国教科文组织于 2003 年 10 月通过了《保护非物质文化遗产公约》。

（八）《惠安宣言》

该宣言是 2003 年 ICOMOS 在世界遗产地越南惠安召开会议的成果。《惠安宣言》的重要意义在于，该宣言阐述了保护历史街区而非单体建筑的价值理念：历史街区，包括历史村落和城市街区，是亚洲国家活态文化遗产的重要组成部分；历史街区的居民和使用者是保护工作的主要参与者；保护文化遗产与发展旅游业在本质上并非相互排斥，而应被视为能够相互促进的活动，尤其在亚洲地区；在制定历史街区的保护措施时应特别考虑防范洪水、火灾或工业事故等自然或人为灾害的风险；亚洲的木结构建筑遗产，特别是在历史街区中，是文化多样性和文化影响力的重要展现；保护历史街区是一项复杂的工作，需要各种人员、机构的参与及合作，其中，地方层面的合作对于实现保护目标和协调不同利益相关者的行动十分必要。

第二节　"景观作为遗产"的历程

一、20 世纪初欧洲景观遗产概念的转变

遗产场所的设定反映了特定时期对特定文化的关注。在欧洲历史上，尽管存在着许多与皇帝和贵族有关的杰出景观（图 1.16），但将景观视为遗产的理念直到 18 世纪才出现。当时，英国贵族阶层中兴起了一股去意大利旅行的风尚，这些贵族在游览众多古迹遗址的过程中，逐渐形成了欣赏风景的独特品味。然而，他们并没有将历史上著名的花园、森林或猎苑视作应当尊崇的国家遗产，而仅仅视之为王公贵族高贵出生的象征以及特权的标志。因此，他们在请园艺师为自己设计乡间别墅花园时，为了打造当时流行的英国风景式花园风格，对一些文艺复兴时期的花园，如波波利花园（图 1.17），进行了改造或抹去其原有风貌。

图 1.16　始建于 16 世纪的瑞典德罗特宁霍尔摩皇宫[1]

图 1.17　文艺复兴时期的波波利花园[2]

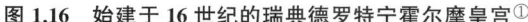

[1]　图 1.16 来源：© Jonas Borg, 联合国教科文组织世界遗产之旅网站, https://visitworldheritage.com/zh/eu/瑞典德罗特宁霍尔摩皇宫/a78b9947-7ad4-4cb1-aae2-891b103c2eee。

[2]　图 1.17 来源：陈文捷, 2020. 天才的世界：文艺复兴与巴洛克建筑[M]. 北京：机械工业出版社.

彼时,西方开始将景观视作美丽、优雅的风景画来欣赏(图1.18)。19世纪时,一种新的遗产景观——荒野在"新世界"①出现。在北美、加拿大和澳大利亚,一些景观被设立为国家公园(图1.19),并被认为具有极高的遗产价值。

图1.18 让-巴蒂斯·卡米耶·柯洛绘制的风景画② 　　图1.19 美国黄石国家公园景观(1972年)

虽然19世纪欧洲遗产保护的焦点依然是贵族遗产或家庭遗产,但随着以1861年意大利统一和1870年德国统一为标志的新兴民族主义的形成,新的欧洲民族国家③开始探索国家合法化的路径,它们通过景观在文化实践和政治意识形态中建立民族自豪感(图1.20)。20世纪早期,与遗产地相关的价值常常体现民族认同感。例如,德国的爱国主义者和民族主义者开始思考本国森林的政治含义,通过将森林和树木作为创作素材,来唤醒德国民众的民族意识,因此,德国涌现出大量歌颂森林和树木的诗歌。在文学作品中,森林被描述为日耳曼民族的故乡,一旦日耳曼人与森林失去了联系,便失去了生存的动力和精神的根基。在巨大的社会变革、文化转型以及这样的文学思潮下,越来越多的德国人开始认识到自己与森林之间的紧密联系以及森林对自我精神的巨大作用,进而形成了对森林的崇拜。20世纪30年代也是荒野在欧洲被看作遗产的时期,对荒野的兴趣就与德国人的森林崇拜和丛林徒步运动有关。同一时期,法国的《自然景观地保护法》首次将具有艺术、历史、科学、传奇或如画景观特征的自然纪念物和遗迹纳入保护范畴。

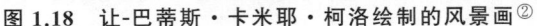

① 指哥伦布发现后欧洲人所说的"新世界",主要涵盖美洲大陆,不包括亚洲、非洲、欧洲。
② 图1.18来源:https://artsandculture.google.com/asset/italian-landscape-site-ditalie-soleil-levant-main-view-signature-detail/XwEPxEPeIwQw5w。
③ 民族国家指欧洲近代以来,通过资产阶级革命或民族独立运动建立起来的,以一个或几个民族为国民主体的国家。与欧洲传统帝国或王国不同,民族国家成员效忠的对象是有共同认同感的"同胞"及其共同形成的体制。认同感的来源可以是传统的历史、文化、语言或新创的政治体制。一个民族或者由数个民族经同一共享的政府体制构成的国家都是民族国家的可能形式。

图 1.20　德国人引以为傲的森林①

二、新世界的景观遗产

　　遗产的概念在"新世界"与"旧世界"之间存在着显著的差异。以"新世界"的一员——澳大利亚为例,该国在很长一段时期内,主要关注保护诸如荒野之类的自然遗产。这种倾向与"新世界"的自然景观被赋予了浓厚的民族主义情绪有关,证据之一就是这些遗产地的名称为"国家公园"。1872 年,美国率先建立了世界上首个国家公园——黄石国家公园,而澳大利亚紧随其后,在同一年也建立了全球第二个国家公园——皇家国家公园(图 1.21)。澳大利亚对于设立国家公园的热情一直持续到 19 世纪末,但这份关注仅限于自然遗产,并未扩展至文化遗产领域。直至 20 世纪 50—60 年代,受到全球遗产保护运动发展的影响,澳大利亚的这一状况才开始改变。然而,当时对建成遗产的关注仅限于一些著名建筑,原住民文化遗产仍然被忽视。20 世纪 70 年代,拆毁中心城区工人住宅引发社区暴动,澳大利亚开始重视建成遗产和原住民文化遗产。

　　19 世纪,美国的遗产保护同样聚焦于荒野,荒野被视为国家认同感的象征,并与爱国主义紧密相连。当时人们认为,"美国虽不及欧洲拥有罗马遗迹、希腊遗迹、雅典卫城或帕提农神庙,但美国拥有创世之初般的自然风光,比欧洲任何地方都更像天堂。如果有任何能代表美国荣耀的东西,这些无比壮美、无比神圣的景观正是我们应当保护的。"②然而与澳大利亚不同,美国的遗产概念融入了共和意识,因此受保护的遗产不

---

　　① 图 1.20 来源:https://www.dw.com/zh/%E5%BE%B7%E5%9B%BD%E4%B8%BA%E4%BB%80%E4%B9%88%E6%9C%89%E9%82%A3%E4%B9%88%E5%A4%9A%E6%A3%AE%E6%9E%97/a-54649184。

　　② 引自纪录片《美国国家公园全纪录》(*The National Parks: America's Best Idea*),2009 年。

图 1.21　皇家国家公园（澳大利亚）①

图 1.22　《景观》杂志

仅限于自然风光，还包括与托马斯·杰克逊、亚伯拉罕·林肯等历史人物有关的场所，如杰克逊纪念堂。20 世纪 20 年代，美国文化地理学的奠基者卡尔·索尔提出新的概念"文化景观"，指出景观作为人类历史的一部分具有遗产价值。其后，美国人文地理学者的研究为景观遗产的概念注入了更丰富的内涵。20 世纪 30 年代至 60 年代前半期，为历史环境保护的初期阶段。20 世纪 50 年代，提出美国新的保护观念的关键人物约翰·布林克霍夫·杰克逊（J. B. Jackson）创办了《景观》(*Landscapes*)杂志（图 1.22）。他把美国的移民传统和工业发展过程紧密联系起来，主张即使是微小的乡村遗迹，如原住民住宅、少数民族遗迹等不起眼的地点，也应得到保护。他提醒美国人关注正在消逝的、具有遗产价值的城市普通景观和乡土景观，如社区等。

三、全球背景下景观遗产的"觉醒"

联合国教科文组织在 1962 年通过了一份非常重要的国际文件《关于保护景观和遗址美丽特征的建议》(*Recommendation Concerning the Safeguarding of Beauty and Character of Landscapes and Sites*)。该建议旨在应对城市中心区经常出现的违规开发、工商业扩张、大规模工程和设施建设等问题，强调应保护人类生活必不可少的景观和遗址的美丽特征，包括自然的、乡村的、城市的景观与遗址的任何元素，无论是自然的还是人工的，只要它们具有文化或审美价值。随着文化遗产管理在专业层面和理念

---

①　图 1.21 来源：© David Finnegan/OEH，新南威尔士州国家公园和野生动物管理局网站，https://www.nationalparks.nsw.gov.au/visit-a-park/parks/royal-national-park。

上的不断进步,从20世纪80年代开始,出现了对60—70年代的遗产观(即遗产概念侧重于宏伟的纪念建筑和考古遗址、著名建筑群,或与富人和名人有关的历史遗址)的挑战。国际文化遗产实践发生了重大转变,这一转变以关注文化景观为基础。其中,最为显著的变化是世界遗产体系吸纳了西方文化景观理论思想。为了改变自然保护与文化保护长期以来的割裂状态,并凸显人与自然之间长期且深刻的相互作用所共同创造的杰出作品,世界遗产委员会于1992年在文化遗产类别中增设了"世界遗产文化景观(World Heritage Cultural Landscapes)"新类别,从而为之前没有代表或代表性不足的文化遗产提供了进入世界遗产名录的新途径。此后,世界遗产文化景观成为遗产实践和理论研究领域发展最快的旗舰类别和前沿方向,促进了景观视角下全球遗产的"觉醒"和发展。

2000年10月20日,欧洲理事会在意大利佛罗伦萨签署《欧洲景观公约》。该公约被视为《世界遗产公约》的补充,旨在"促进景观保护、管理和规划,并组织欧洲各国合作管理景观事务"。但是,它没有像《世界遗产公约》那样特别提及"文化景观",因为其核心理念为:"景观"本身即蕴含文化意义;所有地域,无论是城市、城市周边、乡村、自然地域,还是水域和海洋,都是景观的构成部分;所有景观都是重要的,不应将某种景观的价值凌驾于其他之上;地方性的或退化的景观对当地社区、居民及外来访客而言,其重要性不亚于那些通常被认定为具有全球重要性的景观。《欧洲景观公约》在许多方面堪称一次思想革命:它呼吁全欧洲政府同等对待"普通"景观与"特殊"景观,是具有革命性的创举;该公约使人们认识到综合协调环境政策和景观规划方法的重要性,为理解欧洲景观及欧洲人民如何看待景观遗产提供了新视角;同时,它也凸显了社会和经济驱动力的重要性,肯定了公众参与在景观发展中的作用,以及普通景观在我们文化遗产、人类未来的健康、富裕和快乐生活中的角色。

文化景观理念向城市区域的拓展和应用,催生了城市历史景观(historic urban landscape,HUL)。2005年5月,在维也纳召开的联合国教科文组织会议上,这个概念被首次提出,作为重新诠释城市遗产价值的工具,并形成《维也纳备忘录:世界遗产与当代建筑——管理城市历史景观》。同年10月,联合国教科文组织正式通过《关于保护城市历史景观的宣言》。2011年,联合国教科文组织大会通过《关于城市历史景观的建议书》,将国际社会对城市保护新方法的探讨推向了高潮。该建议书认识到历史城市中不同社区在不同背景下,随着时间推移所层层积淀的各种意义和价值,以及当代城市化面临的挑战,并明确界定了城市历史景观的定义,提出了景观保护方法。2013年发布《历史名城焕发新生:城市历史景观保护方法详述》,2016年颁布《HUL指南》。这些文件不断深化了对城市历史景观的阐释和应用指导,受到全球学者的广泛关注和讨论。

2014年12月9日至14日,ICOMOS第18届全体大会在佛罗伦萨召开,会上发布了《关于作为人类价值的遗产与景观的佛罗伦萨宣言》,承认景观是文化遗产的重要组成部分,是文化栖息地和发展驱动力,文化遗产和景观是社群认同的基础。这是一个里程碑,促使国际社会对基于以往遗产保护理论及方法所形成的管理准则和实践结果进行反思。中国人无比熟悉的"和谐"(harmony)一词出现在该宣言陈述的目标当中,ICOMOS 认识到要使文化遗产在促进和平与团结方面发挥作用,必须采取一种整体性的路径,即通过景观追求文化与自然的融合,以及遗产地与其所处社会环境的融合。2017 年 12 月,ICOMOS 第 19 届大会通过了《关于乡村景观遗产的准则》,指出"一切乡村地区都是景观,乡村景观代表了地球上人类和环境发展史、生活方式及遗产的重要部分"。遗产的内涵和价值体系在不断拓展,文化景观和环境、活态历史和遗产、非物质文化价值、乡土遗产和社区参与等成为其重要组成部分,景观途径(landscape approach)已成为遗产保护中至关重要的方法论。

第三节　世界遗产体系与文化景观

三、世界遗产体系

自 1972 年《世界遗产公约》发布以来,世界遗产保护已成为一项不分种族、信仰、地域和国度,受到全人类共同关注和支持的事业,其发展离不开世界遗产体系的支撑。世界遗产体系是在各国、各地区、各个族群广泛实践和理念思辨的基础上形成的专业体系。其中,对世界遗产的认知标准以及可持续保护与管理措施,是支撑世界遗产体系不可或缺的专业依据。世界遗产运作通过设立专业咨询机制及官方咨询机构进行,这些机构包括 1965 年在华沙成立、总部设在法国巴黎的非政府组织 ICOMOS,它致力于保护和阐释世界文化遗产;还有在 UNESCO 建议下于 1956 年在罗马成立的国际文化遗产保护与修复研究中心,作为国际政府间组织,它促进世界范围内所有类型的文化遗产保护;以及在 UNESCO 支持下于 1948 年在法国枫丹白露成立的 IUCN,它是各国政府、非政府组织和科学家的全球合作伙伴,为自然遗产问题提供咨询。为了更好地实施《世界遗产公约》,1992 年成立了其日常办公机构——UNESCO 世界遗产中心。世界遗产体系还设定和实行监测制度,这意味着世界遗产不仅是对历史和现状的评定,还是对未来的期许和承诺;它不仅带来荣誉和效益,更承载着责任和使命。世界遗产体系的专业性和政府间国际合作性两条基线交织在一起,所展现出的可持续利用和传承精神,是世界遗产事业的魅力所在和长盛不衰的源泉。尽管作为政府间国际合作的平台,世界遗产体系时常面临各种利益诉求的冲击,但在人类可持续发展大业中,它仍可视为迄今为止较为成功的途径之一。

世界遗产体系通过持续修订《实施世界遗产公约操作指南》来拓展世界遗产的概念,并应对不断出现的遗产新问题。《操作指南》在其诞生后的 50 多年间不断吸取最新的概念、知识和经验,根据社会大环境的变化和需要进行了多次修订和完善,成为一部不断演进的有生命的文件。2023 年世界遗产大会公布的最新一版《操作指南》

（图1.23）将世界遗产定义为自然遗产（natural heritage）、文化遗产（cultural heritage）、文化景观（cultural landscape）、文化与自然混合遗产（mixed cultural and natural heritage）和可移动遗产（movable heritage）（图1.24）。值得注意的是，《操作指南》明确指出"列入《世界遗产名录》的文化景观属于文化遗产中'自然与人类的共同杰作'"，但将文化景观与其他几类遗产并列，充分体现出对文化景观遗产的特别重视。

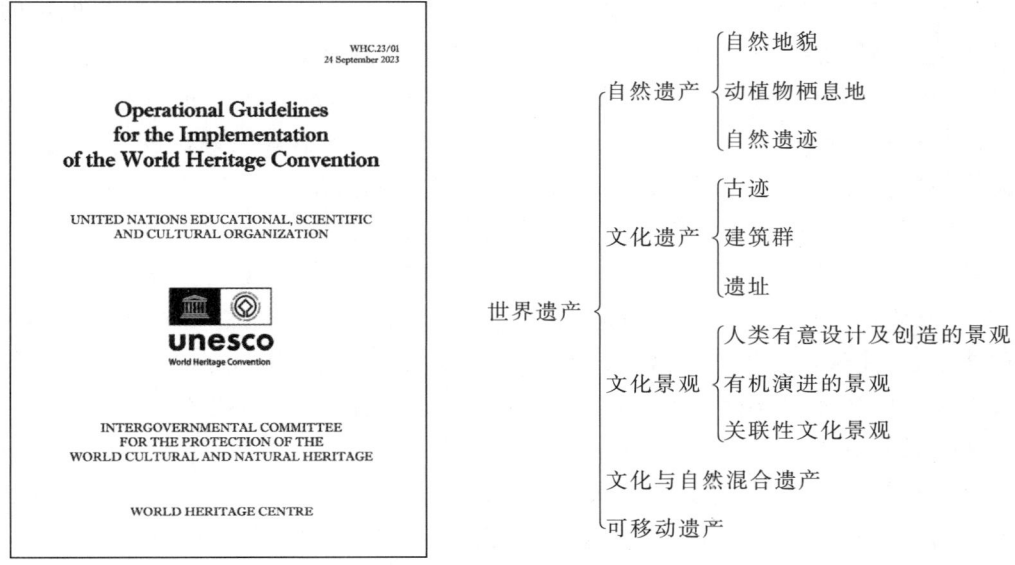

图1.23 《操作指南》（2023）

图1.24 世界遗产类别

截至2024年，全球世界遗产总计有1223项，其中，近80%是文化遗产，近一半分布在欧洲和北美地区（表1.1）。

表1.1 2024年全球世界遗产概况

地区	文化遗产	自然遗产	文化与自然混合遗产	地区总计	已列入遗产名录的缔约国
拉丁美洲和加勒比地区	103	39	8	150	28
欧洲和北美地区	490	71	12	573	50
亚太地区	211	73	12	296	36
阿拉伯国家	87	6	3	96	18
非洲	61	42	5	108	36
分类总计	952	231	40	1223	168

注：译自世界遗产中心网站，https://whc.unesco.org/en/list/stat。

二、世界遗产文化景观

世界遗产文化景观基于一种整体的景观方法论，它的价值视野明确地认识到一方土地的生态价值、历史及其文化传统，以及过去与现在在这片土地上生活和工作的人们之间的连续性。它还认识到自然景观和社会环境是动态变化的，并且包括有形的（历史的物质痕迹）和无形的（信仰、故事、知识和语言）遗产方面。由于这类遗产与其所属的社会文化背景密切相关，为了确保世界各国在识别、保护和管理这些遗产时操作方法的一致性，《操作指南》明确了文化景观的定义和类别。

列入《世界遗产名录》的文化景观是文化遗产，代表了《公约》第一条所指定的"自然与人类的共同杰作"。它们展示了人类社会和聚居地在自然环境中的物质限制或机遇，以及在外部和内部的社会、经济和文化力量影响下，随着时间的推移而发生的演变。评定这些遗产时，既要考虑其突出普遍价值，也要考虑其在确定的文化地理区域中的代表性。另一个评定标准是它们能够展示这些区域基本而独特的文化要素。

"文化景观"一词涵盖了人类与自然环境互动的各种表现形式。文化景观往往反映了具体的可持续土地利用技术，这些技术考虑到了它们所处自然环境的特点和限制，并可能体现与自然的特定精神联系。保护文化景观有助于推广当前的可持续土地利用技术，并能保持或提升景观的自然价值。传统土地利用形式的持续存在支撑着世界许多地区的生物多样性。因此，保护传统文化景观有助于维护生物多样性。

文化景观分为三个类别，具体如下。

第一类是最容易识别的，即由人类有意设计及创造的景观（landscape designed and created intentionally by people）。这类景观包括为了审美而建造的园林和公园，它们通常（但并不总是）与宗教或其他纪念性建筑物或建筑群相结合。这个子类往往是精英文化对自然进行再创造而设计的园林、花园等，例如，捷克的莱德尼采和瓦尔季采文化景观，以及西班牙的阿兰胡埃斯文化景观（图 1.25）。

图 1.25　西班牙阿兰胡埃斯文化景观[①]

---

① 图 1.25 来源：ⓒ TalyaPhoto / Shutterstock.com, 联合国教科文组织世界遗产之旅网站，https://visitworldheritage.com/zh/eu/西班牙阿兰胡埃斯文化景观/8afc1a65-0c15-46df-abbe-5e0e9b4317d2。

第二类是有机演进的景观(organically evolved landscape)。它们源于最初的社会、经济、行政或宗教需求，并通过与自然环境的联系和适应而形成了现在的形式。此类景观的形式和组成要素的特征反映了其演变过程。它们又可分为以下两个子类。

（1）遗迹（或化石）景观(relict or fossil landscape)。它们代表进化过程在过去某个时期突然结束或经过一段时间后结束的景观，但其重要的显著特征仍以物质形式存在。

（2）延续性景观(continuing landscape)。它们在当今社会与传统生活方式紧密交融中持续扮演着积极的社会角色，而且其演变仍在进行，同时又是历史演变发展的重要物证。这个子类展示了自然资源的传统利用方式及其聚落形态，体现了传统聚落文化以及生产作业技术和智慧，包括持续使用或已成为遗址的农田、咖啡园、葡萄园、矿产业景观等（图1.26）。

图1.26　中国红河哈尼梯田文化景观①

第三类是关联性文化景观(associative cultural landscape)。这类景观之所以被列入《世界遗产名录》，是因为它们体现了与自然因素强烈的宗教、艺术或文化关联，而非物质文化证据。因为物质文化证据可能微不足道，甚至是可以缺失的。这类景观赋予了自然强烈的文化特征，它们可以是完全非物质性的，体现与自然的精神联系，涵盖宗教、审美、伦理等方面。澳大利亚乌鲁鲁-卡塔丘塔国家公园便是关联性文化景观的典型例子（图1.27）。

图1.27　澳大利亚乌鲁鲁-卡塔丘塔国家公园②

---

① 图1.26来源：世界遗产中心网站，https://whc.unesco.org/en/documents/123492。
② 图1.27来源：世界遗产中心网站，https://whc.unesco.org/en/documents/109956。

2023年,中国"普洱景迈山古茶林文化景观"申遗成功,成为我国第59项世界遗产,也是继庐山国家公园、五台山、杭州西湖文化景观、红河哈尼梯田文化景观、左江花山岩画文化景观后的第六项世界遗产文化景观(图1.28)。至此,中国的世界遗产文化景观总数已与英国并列全球第二,但相较于世界遗产体系中的自然遗产、文化遗产或文化与自然混合遗产,文化景观的特殊性和重要性还未被国人广为了解。

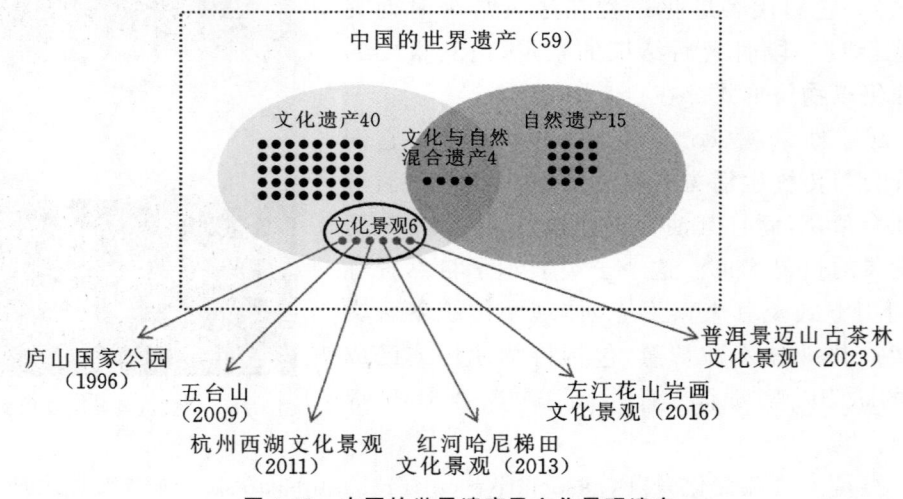

图1.28 中国的世界遗产及文化景观遗产
(括号内为该景观被列入《世界遗产名录》的年份)

2

文化景观理论谱系

景观遗产保护与可持续发展的关键在于对"景观"这一概念的理解和认识。"文化景观"是西方文化地理学近百年来不断诠释和拓展"景观"概念的内涵，并汇聚众多学科领域研究成果所形成的概念和研究主题。自20世纪80年代起，以新文化地理学的"文化转向"为标志，景观研究成为人类学、哲学、艺术史、社会学、法学、政治学、文化和文学研究等多个非地理学科共同关注的焦点，形成了一个持续动态演进、丰富且复杂的知识领域，产生了深刻的学术和社会影响。立足文化景观的核心研究议题——文化与自然的关系，通过运用谱系学方法分析西方文化景观理论，我们可以在更深层次和更广泛领域中理解文化景观的哲学、方法论、概念和理论。西方文化景观理论谱系研究的两个关键点在于：一是追溯"文化景观"（cultural landscape）的词源谱系；二是厘清理论视角的发展脉络。

第一节 "文化景观"的词源谱系

在西方文化中，与"自然"最密切相关且连接起人与自然的概念是"landscape"（景观）。作为独立概念的"cultural landscape"（文化景观），源自比它更早出现的"landscape"，是西方文化地理学在"landscape"研究分支上积累、发展的结果。英语世界中，"landscape"一词长期存在着多种释义。对"cultural landscape"词源谱系的研究，旨在探究其在英语及相关语言中的词义、词形变化，展示不同学者对这一概念在不同历史时期的不同解释，以及在历史断裂和差异中反复重构的异质性，据此构建出文化景观概念的本质内涵和外延。

一、"landscape"在古英语[①]中的复合含义

威尔森（C. Wilson）、格鲁斯（P. Groth）和泰勒（K. Taylor）等人都赞同杰克逊（J. B. Jackson）对"landscape"一词的词源分析。他们指出，"landscape"是一个复合词，其构成部分源于几千年前的古老印欧语系，该语系是所有现代英语（拉丁语、塞尔特语、德语、斯拉夫语和希腊语）的源头。在古英语中，"landscape"的类似形式，如"landskipe"和"landscaef"已经具有复合的含义，与人类的关系密不可分。

在中世纪，土地（land）指"地球表面由人类确认的部分"，从农场到国土，尽管具有多种功能，但都指的是由人类确定并可以用法律术语描述的空间。而后缀"-skipe""-scipe"和"-scape"的原意都与"scrape"和"shape"密切相关，意思是"裁剪"或"创造"，

[①] 古英语（Anglo-Saxon English）是指从公元450年到1150年间的英语，它是日耳曼部落的盎格鲁-撒克逊人的语言。

隐含了"组织或体系"的意思。盎格鲁-撒克逊(Anglo-Saxon)及丹麦等德语系的移民将"lanskipe"和"landscaef"带到大不列颠，用来描述"森林里有动物、木屋、田地和围栏的空地"，这是农牧民在原始森林或旷野中，通过占用土地、遵循习俗、耕作等相互关联的方式，改造荒野而形成的景观。因此，杰克逊认为，"landskipe"本质上是指一种由人类确定的空间集合或系统，尤指乡村或小城镇环境。

在属于印欧语系意大利语族的拉丁语及更早的语言中，与"landscape"对应的拉丁文是"pagus"，意为确定的乡村区域，并由此产生了法语中的景观用词"pays"和"paysage"。表示景观的其他法语词，如"champagne"，也指"乡村的田地"，在英语中的对应词曾为"champion"。意大利人先后用过"paesi"(区域)、"paesetto"(村庄)和"paesaggio"(田园)等词汇作为景观术语。通常被当作"landscape"概念起源的德语词"landschäft"，在德语中仅指被限定的小块土地、耕地，或封建庄园的一部分，这通常是农民眼中的世界。根据杰克逊的分析，"landschäft"有四点内涵：第一，它由居住地和牧场、草甸、种植地以及周围未开发的森林或沼泽等要素组成；第二，这个词不仅意味着空间组织，还包括时空限定的、特定的社会形式，包含场所聚居、居民对他人和土地的义务等含义；第三，土地和结构具有同等的重要性，"landschäft"暗指乡村、农业社区或小镇等较小的、不引人注目的地域范畴；第四，它的含义更接近于表示土地本身和客观外部空间的"area"和"region"。

在欧卫格(K. R. Olwig)看来，"landschäft"的首要意义是指一个司法政体，而不是空间区域，它应被视为一个特定的、法律上和政治上的实体，同时也是社区内部人们自我管理的一套习俗和地方法律的体现。欧卫格对"landschäft"的重新定义明显弱化了其空间属性，而凸显了其社会属性。

"landscape"的古英语释义揭示了人类因生存聚居和生产实践而与土地建立起来的结构性关系。景观的形态是社会价值、习俗和土地利用共同作用的结果。景观不仅具有空间性，还兼具社会性和实践性，它蕴含着因农业生产、生活聚居等目的而形成的土地利用、经济以及政治等社会价值，同时也体现了人与自然之间的情感关联，如文化认同感等精神价值。

然而，在16世纪末，这种对景观的理解中断了，使得"landscape"成为与人类相分离的单纯视觉对象。直至19世纪末，随着"cultural landscape"(文化景观)概念的提出，景观的内涵才部分回归到了其古英语中的含义。

二、"landscape"的转义

16世纪末，"景观"向艺术转义。当时的艺术家通过风景画来描绘优美的荷兰风景，并将荷兰语中的"landschap"("landscape"的相关词)引入英语中。与古英语中的

"landskipe"和"landscaef"相比,荷兰语中的"landschap"具有更丰富的视觉与艺术内涵,正如怀利(J. Wylie)所指出,它更接近"被感知的土地或土地图画",特指描绘乡村、农业或自然景象的绘画。科斯格鲁夫(D. Cosgrove)视其为起源于意大利的一种艺术流派和绘画风格,荷兰及意大利的画家们用空间和深度的透视技巧来呈现一般或特定视角下的景色。与传统上服务于宗教、神话、教堂或贵族的绘画不同,"landschap"风景画主要服务于新兴的商业中心(如安特卫普、阿姆斯特丹和伦敦)及其消费者,起初便带有浓厚的商业色彩。"landschap"作为一种类型的风景画与崛起的商业阶层有密切关系,其画面内容涉及城市与乡村。泰勒指出,17世纪的欧洲,尤其在英国,"landscape"的概念开始与荷兰现实主义风景画派和艺术家虚构的历史绘画相关联,如法国风景画家洛兰(C.Lorrain)将人物置于理想的田园风光中。在这样的画面中,精心组织的景观场景(landscape)等同于现实风景(scenery)。尽管17—18世纪"landskip"或"scape"在荷兰、比利时、卢森堡和意大利重现,而"landschap"一词则不再被使用,但基于凝视(gaze)的风景画类型,以及它所强调的主客体分离的视觉关系,已深深植根于西方"landscape"的概念之中。

18世纪初,富裕的英国地主开始雇佣风景画家记录他们游历过的自然风光。在文学田园诗的推动下,拥有乡间土地的上流人士热衷于园林设计,力求使其景致能与风景绘画中的场景相媲美。当这一潮流与欧洲旅游热、美学和浪漫主义运动交织在一起,19世纪初流行于欧洲和美国的"landscape"概念不仅涵盖了自然和乡村的风景绘画创作,还扩展到了自然风格的花园、乡村建筑和景色"如画"的建筑。在此背景下,"如画"成为"landscape"的审美基础,景观和艺术之间的关系被加强了。

三、"landscape"与文化的结合

19世纪末至20世纪初期,德国地理学家拉策尔(F. Ratzel)、海特纳(A. Hettner)和施吕特尔(O. Schlüter)特别关注区域和聚居形态及其科学分类。施吕特尔呼吁应认识文化在景观形成过程中的重要作用,并主张明确区分"文化景观"和"自然景观"。他激发了人们对德语词"landschaft"的重新关注,即依据与自然要素的整体和谐关系来界定区域,并将"kultur"(文化、文明)和"landschaft"结合在一起。施吕特尔对"kultur landschaft"的思考,成为后来20世纪60—70年代美国文化地理学家罗温索(D. Lowenthal)、刘易斯(P. Lewis)、梅尼格(D. W. Meinig)、杰克逊,以及英国的科斯格鲁夫和澳大利亚的丹尼斯(J. Dennis)等人进行景观研究的基础。人类学兼地理学家博厄斯(F. Boas)拓展了施吕特尔的观点,认为不同文化以类似的方式适应相似的环境;他引入历史主义的环境观,指出应在本土环境中理解行为、信仰和符号象征等社会性文化特征,文化要素及其意义会随着人们迁移、文化背景的变化而发生改变,并强调

了地方历史研究对于文化分析的重要性,提出"景观是文化的线索"的观点。20世纪初,索尔(C. O. Sauer)及其伯克利学派,基于19世纪中晚期德国历史学家和法国地理学家的研究成果,进一步拓展了"landschaft"的概念,首次明确提出"文化景观"(cultural landscape)概念——"文化景观由文化族群对自然的塑造而成。文化是动因,自然地域是媒介,文化景观是结果。"索尔的概念产生了深远的影响。

威尔森和格鲁斯认为,在索尔的文化景观概念中,"landscape"并非指一幅画、景象或花园,而是被特定文化族群所塑造,受到土地、气候、植物生命等强烈自然生命因素影响的文化区域。与17—19世纪用空间透视法看待"landscape"不同,索尔及其伯克利学派的文化景观研究旨在探寻景观背后的文化凝聚力。这种从"自然景观"转向"文化景观"的地理学研究和实践,以及英国的达比(C. Darby)、法国的迪恩(R. Dion)对景观历史的关注,深刻地影响了北美的杰克逊、英国的霍斯金斯(W. G. Hoskins)和法国的布罗代尔(F. Braudel)等人的景观研究,并使这些研究得到了进一步的发展。泰勒指出,索尔将"cultural"与"landscape"结合,创造了"cultural landscape"这一概念;这一概念隐含的信息是,我们应当用眼睛和头脑去阅读景观,将其视为具有时间感和多层次的充满人文价值的历史档案来解读;将景观仅仅视为农业场景或绘画背景的观点是错误的,因为文化景观与所有人类场所和创造场所的过程相关。威尔森和格鲁斯认为,索尔提出的文化景观新概念,是人类以特定方式的活动所塑造的时空表达,是动态的、变化的,并与客观对象相关。

四、"cultural landscape"词源谱系图解

"landscape"的词义经历了三个阶段的演变:初始阶段,它与人类的土地实践、聚居方式、习俗及法律等相关;随后,其含义转向绘画类型及艺术视觉关系;再后来,通过与文化的结合,发展出"文化景观"的概念,这在本质内涵上部分回归了古英语中"landscape"的某些物质含义。在词义的发展历史及其应用过程中,"landscape"概念的内涵被多种力量不断重塑和解释。

尽管不断有研究者质疑索尔的文化景观概念及其分析方法,但毋庸置疑,对索尔概念的不断解释、批判和复兴始终是推动西方文化景观研究的主要动力。前缀词"文化"成为景观研究的重点,研究者们对其投入的关注甚至超过了"景观"本身,这也成为地理学"文化转向"的重要契机。在术语使用上,"文化景观"并没有完全取代"景观"。20世纪的西方景观研究以"landscape""cultural landscape"及相关联的"place"和"social space"等为主题词展开,形成了多个竞争的、重叠交叉的、演进的研究范式。"文化景观"词源发展谱系图解总结如图2.1所示。

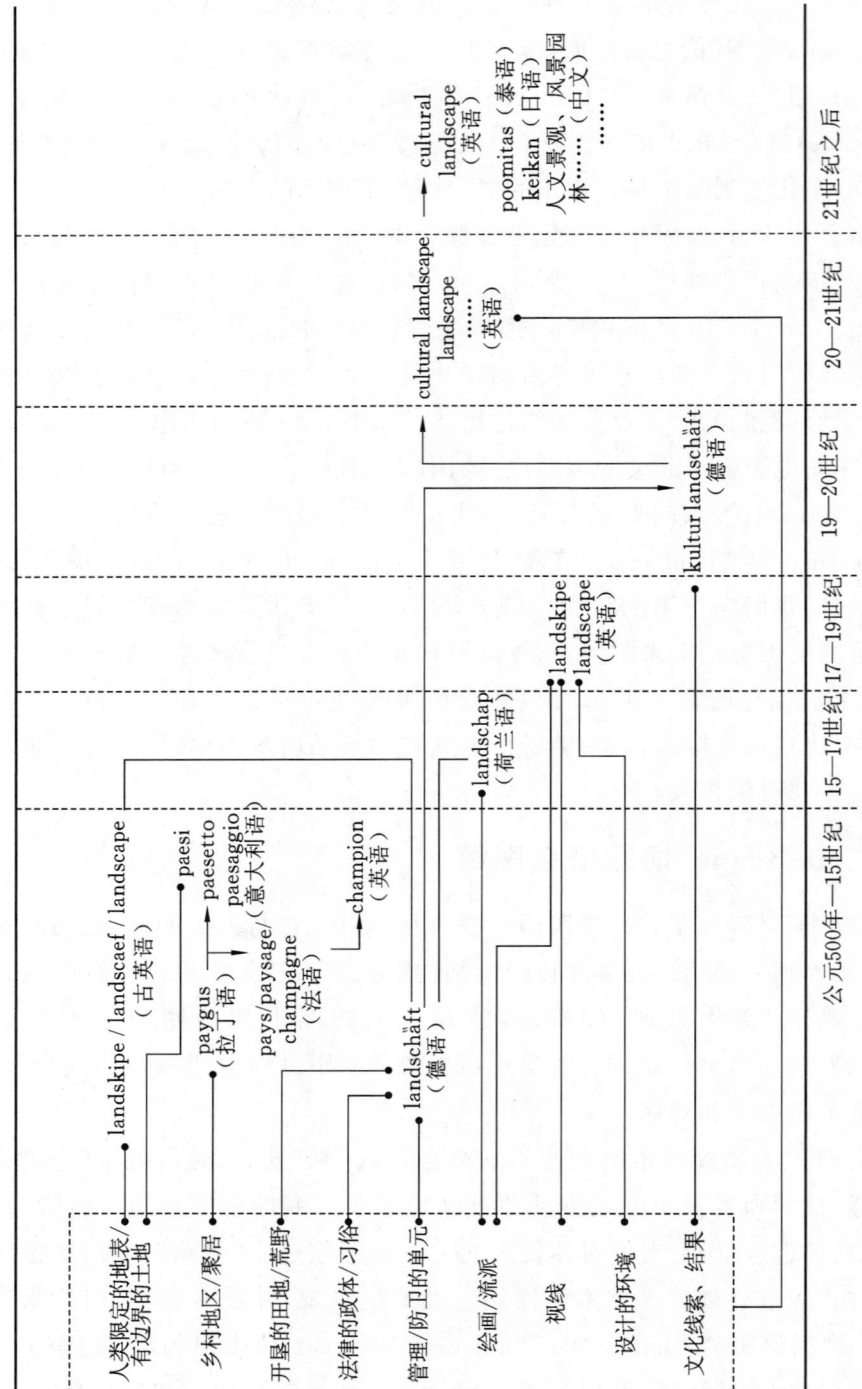

图2.1 文化景观（cultural landscape）词源谱系图

"●——"表示词义相关；"——"表示语系相关；"——▶"表示衍生关系

第二节 文化景观理论视角

西方文化景观理论起源于 19 世纪末,是在否定当时盛行的"环境决定论"和"环境可能论"基础上产生的。结合阿姆斯特朗(H. Armstrong)等学者的研究成果,围绕文化与自然的关系,并基于哲学立场与思想观念、学术流派及其代表人物的关联,我们可以将多元且动态发展的西方文化景观理论归纳为以下七个理论视角。

一、景观是"凝视"

基于透视、比例原则的风景绘画(图 2.2)强调的是人与自然之间的视觉关系,其普遍的文化意义是"我们"(视觉主体)所"凝视"的景象,"风景"的概念隐含了分隔与观察的行为。怀利指出,在此,世界被当作一种外在的、有待理性去感知和准确表达的现实,其核心是假设存在外部现实的认识论。索尔的文化景观概念不仅包含了将景观视为外部客观事实的理解,还强调了文化作为促成景观结果生成的动因。尽管索尔的景观研究建立在长期田野调查的基础之上,但他仍然站在中立、外部且力求客观的立场来描述景观,因而他的学派注重的是景观的形态及其成因分析。

图 2.2 16 世纪的风景画

在西方,"凝视"(gaze)并非对人与自然关系的唯一表述。正如巴瑞尔(J. Barrell)所指出,精英阶层所欣赏的风景与劳动者眼中的艰难谋生的土地,始终并存并相互竞争。对"凝视"的批判集中在其"以自我为中心"的出发点,"凝视"所确立的视觉关系往往暗示着"文化是积极主动的,自然是消极的""文化是男性的,自然是女性的"等一系列二元对立关系。甚至,向窗外远眺"好的风景",或在更大范围里注视他人的场所,都被看作西方式的、殖民主义的、男性的"凝视"。与"凝视"相对应的景观表达的主要方式之一——地图,也常遭到质疑。景观地图不仅被视为开发和殖民的附属产物,更是为殖民创造条件的帮凶。即使在今天聚焦"自然美景"的遗产旅游中,同样有着对自然的人类中心主义倾向。

这些对"凝视"视角的质疑性思考,认同人与自然之间发生的视觉关系是景观概念的基本内涵之一,但更强调"凝视"不仅基于我们(眼睛)的生物机能,更关乎我们如何去看,具有文化意义。人们通过特定的、社会化的和被教化的文化透镜看世界,这种"看的方式"沉淀着文化价值、态度、意识形态和预期。自20世纪70年代起,一些环境历史学家已注意到"自然""荒野地"等概念是人类基于特定"看的方式"所建构的产物。景观概念的内涵从单纯的绘画类别,扩展到如何以"正确"的方式"看"自然,并进一步转向在视觉秩序和现代体系更广阔的文化背景中理解景观艺术。将景观作为"看的方式",即景观研究聚焦于我们如何"凝视"这一过程。

二、景观是"看的方式"

20世纪80年代,西方新文化地理学崛起,主导了地理学界的文化转向。新文化地理学注重价值观与空间问题的关系,探寻景观背后的"意义"。新文化地理学者批判索尔及早期文化地理研究缺少对文化的非物质或象征性特质以及社会等维度的考量,忽视了文化所包含的如信仰、仪式、意识形态、价值、态度等内在运作的方面,也将城市和现代性排除在外。新文化地理学提出景观作为"看的方式"(a way of seeing)的三个重要隐喻:"面纱"(veil)、"摹写本"(palimpsest)和"文本"(text)。

英国历史学家伯格(J. Berger)和文化批评家威廉姆斯(R. Williams)深入探究文本、艺术品和景观等文化产品的意识形态功能,以及它们如何掩盖西方资本主义社会经济关系的实质。威廉姆斯率先认识到需要重新审视景观的内涵,他通过剖析感觉的结构来诠释在同一场所中人们"看"到截然不同的事物,以及看似不相干的景观如何在现实中相互交织。受此影响,新文化地理学的代表人物之一科斯格鲁夫将艺术史与视景观为图像的荷兰传统结合起来,指出景观是一种"看的方式",景观所依托的基本理论和技术——线性透视,蕴含着社会和历史意义。景观概念具有权力、统治和所有权等内涵,与资本主义的崛起及土地市场化、商品化有关。他和丹尼尔(S. J. Daniels)进一步提出,景观是"视觉意识形态",即阶级性的主-客体认识论模式的表达,一种文化的图像、表达、构成和象征环境的图式,景观研究又进一步丰富了其意义,叠加另一层文化性的表达。丹尼尔认为景观作为"看的方式"具有两面性:一方面,景观提供了与自然统一的、审美的表象；另一方面，视觉审美又表达了特定的社会-经济关系，景观具有象征精英阶层的特性。在文化马克思主义的景观研究、解释和分类中，景观被喻为"面纱"；对景观内涵的理解从物质性记录转向解释和话语层面，尽管其本质仍然是视觉关系，但所持的唯物主义立场为景观视觉表达的目的和立场提供了特定解释，促使其从美学视角转向政治视角。

本德（B. Bender）指出，20世纪中期霍斯金斯的思想蕴含"景观作为摹写本"的观点。这个比喻意味着景观可以摹写随社会和文化观念变化的人类土地利用及聚居模式，能够承载不同历史时期的，甚至当代的多重意义。但科斯格鲁夫和丹尼尔却认为，从后现代的视角看，相较于"摹写本"的比喻，将景观比作可以被创造、被阐述、可改变的或者只需一个按键就可完全抹去的文本更为贴切。邓肯夫妇（J. Duncan & N. Duncan）也主张将景观视为"文本"进行解读，他们提出，景观在社会进程中扮演的重要角色，支撑了观念和价值等意识形态，景观文本传递并强化了关于社会组织以及文化与自然关系等特定意识形态的叙述。"文本"的隐喻开辟了一系列景观解读的新途径，贯穿于整个20世纪80年代晚期和90年代初期。怀利指出，景观文本涵盖物质性景观本身及其在艺术作品、地图、文字和其他图像中的呈现，是一种独特的"结构主义"的哲学。巴斯（R. Barthes）发展的"后结构主义"和"互文性"理论，拓展了景观"文本"的含义，使之包含标识、图像等内容，使得文本的意义在参考的、话语的和互文性的语境中得以建构。

作为"面纱""摹写本"和"文本"的比喻，都凸显了景观的视觉性并将其视为一种表达，但在景观的"看的方式"和表达的认识论方面存在差异。科斯格鲁夫、丹尼尔和邓肯强调景观与欧洲社会精英阶层的"凝视"同源；柔斯（G. Rose）从女性主义的角度批判新、旧文化地理学的景观都蕴含特定的、男性的凝视视角；丹尼尔更侧重于揭示景观在支撑国家认同感方面的象征性功能。作为"看的方式"，景观不再指物质环境，而成为图像、绘画或游记中的描述，成为解释社会和文化的关键性视觉媒介。在方法论上，采用的不再是单纯的描述，而是深入的解释。这种转向反映了20世纪90年代主流的"批判建构主义"立场。从建构主义的理解出发，所有景观的意义都具互文性，始终处于待表达的状态，认识论和本体论合二为一。

三、景观的文化

第一代新文化地理学者通过参照更接近观念和象征层面的文化意义来阐释景观。然而，这一视角在20世纪90年代面临一个悖论，即过分聚焦于表达、象征性意义及文本性解读可能会忽略或削弱景观的物质性。地理学界随之出现了反对"文化转向"的声音。例如，邓肯并未全盘接受后现代的互文性观点，他认为景观意义的不确定性和多样性是有一定限度的，"任何景观都可以放在其所处的社会关系中当作文本来分析，从而揭示景观所表达的意识形态"，景观本身既是社会、政治意识形态转化的物质基础，也是其表现形式。视觉理论家米特切尔（W. J. T. Mitchell）认为，景观解释往往聚焦于已完成或形成的景观，而无论是文本的、视觉的还是物质的考察都显得不够充分，"景观是怎么产生的"才是理解景观的关键。他将景观从名词变为动词（"to landscape"），提倡根据行为、行动和表现来定义景观，并强调景观并非仅仅是揭示隐含意识形态价值的纯文化图像。他认为景观是一种文化实践，属于人类社会中社会文化关系自然化、再生产和转变的社会-政治过程的一部分。

深受米特切尔影响的麦特里斯（D. Matless）被怀利视为第二代新文化地理学者的代表。他明确反对将景观作为"看的方式"或视觉意识形态，其开创性研究——"景观的文化"（culture of landscape），将景观与主体性和公民权相联系，揭示了在公民权、认同感、健康和真实性等话语中，通过景观实践所产生的物质的、象征的、新的主体性以及景观变化。他强调景观是文化的产物，由行为、信仰和实践所构成，而并非仅仅是实践发生的舞台。带着独特的关于权力和主体性的视野，麦特尼斯将景观本身从"图像"转向了关乎礼教与道德的"实践"，这一转变成为其他"景观的文化"研究发展的一条主线。欧卫格也试图将景观概念拉回其物质性实质。他提出，景观是法律意义上的真实概念，意味着普通人的、文化性的使用和价值变迁的历史，而不是某种精英的"看的方式"；他呼吁重视景观与地方性、社区和习俗法规等的联系。

在英国，后结构主义的代表人物福柯（M. Foucault）关于话语、权力和主体性的思想对"景观的文化"研究产生了极大影响。在福柯的研究中，"话语"（discourse）的含义拓展为某个话题或领域所展开的所有话语、行动和事件的集合。怀利受福柯启发，认为"景观的文化"直接指向日常景观与日常散步、观光等活动，从更深层次考察日常景观实践的行为概念和文化话语。景观话语不再仅仅是对外部已经存在的景观所作出的描述或行为，而成为赋予景观意义的价值表达、态度和日常实践。是它们创造了景观，它们是"景观的文化"的集中体现，"话语"在其中蕴含了政治和伦理的意味。

怀利超越了以往艺术史的景观研究范式，贯穿唯物主义和马克思主义的思想，其独特之处在于主张在过程和变化中理解景观。他认为景观的解读具有双重性，景观既是资本主义社会经济关系中生产和再生产的动因，又是这些关系的结果和反映，是意识形态的载体。他主张关注地方的、具体的和日常的普通景观。相较于第一代新文化地理学者，景观在此被看作是在信仰和实践之间穿梭的运动，而较少被当作一种凝固的文化图像或"凝视"的对象，于是产生了"景观作为意识形态"和"景观基于实践、感知和活态体验"两种分歧。

四、景观的现象学途径

景观的现象学研究以发现和描述景观中的生活体验为基础，探究这些经验对参与者具有的价值和意义。20世纪30—60年代，受现象学哲学影响，一系列关于"场所感"的研究开始关注习俗、传统和生活方式等如何被植入景观之中。段义孚（Yi-Fu Tuan）和瑞尔福（E. Relph）将现象学的观点引入"场所感"（sense of place）概念中。瑞尔福基于海德格尔的理论，在其代表著作《现代城市景观》（*The Modern Urban Landscape*）和

《场所与无场所》(*Place and Placelessness*)中(图 2.3),指出"存在性的"或"活的"空间的重要性,以及人类行为对"存在性空间"的持续建构和再建构。20 世纪 80 年代,诺伯格-舒尔茨(C. Norberg-Schulz)的"场所精神"研究,以及科斯格鲁夫和丹尼尔的景观意向及象征研究均继承并发展了瑞尔福的思想。罗温索(D. Lowenthal)提出"场所依恋"(place attachment),从描述景观的文化实践创造方式转向深入探讨场所和文化景观的价值。他最突出的贡献在于探讨了人类赋予场所价值或归属于场所的各种原因。埃特曼(I. Altman)和娄(S. Low)提出六种人与土地的象征性关系,从中提炼出"场所依恋"的类型学,即:通过历史和家族建立的与土地的族谱联系;因土地丧失或连续性中断而形成的联系;通过所有权、继承权和政治因素与土地建立的经济联系;通过宗教、精神信仰或神话传说与土地建立的联系;通过朝圣活动和庆祝文化事件建立的联系;通过讲故事、地名命名等方式建立的叙事联系。

杰克逊、段义孚、巴蒂默(A. Buttimer)等人吸收了现象学观点,把与场所感有关的个体体验当作动因-结构关系中的动因,景观作为"动因和结构的舞台"和"对社会、经济和政治过程有着积极影响的根本性动因"。在研究方法上,一些研究者追踪政治行动与普通日常文化实践及消费模式中所表现出来的权力关系,认为权力关系与文化景观相互作用。

图 2.3 瑞尔福的代表著作

20 世纪 70 年代之后,各种现象学思潮对景观作为"看的方式"的解释性或建构主义等范式的认识论根基进行了批判。20 世纪法国现象学的重要代表人物梅洛·庞蒂(Merleau-Ponty)延续了现象学对生命的关注,他基于身体生存现象学的理论,重新构建了"生活世界"的概念。在他看来,生活世界具有双重结构:它既是我们的身体生存的基础和条件,又是经验的产物;生活世界既是被建构的,同时又具有建构性;它既包围着我们的身体,构成我们的生存维度,同时也能够被我们的身体所渗透并融入,成为潜在的世界。真正的哲学,就在于"学会重新观看世界"。他重新定义了"视觉",用"交织"这个词来描述"自我"和"景观"相互关联的方式。景观成为存在于世界本身的、自我的表达,是所看到的事物的物质性和感知力,而不是被看的景象或"看的方式"。据此,景观从一种特定的理解方式("看的方式")变为特定的"存在方式"(与视觉结合)。英戈尔德(T. Ingold)受海德格尔的"栖居"和"存在"的启示,提出"栖居"与"景观"两者具有一致的内涵。景观不只是土地、自然和空间,而是存在的栖居之所。景观既是物质环境,也是人类栖居行为的体现,"时间性"蕴含于"栖居"的行为模式之中,人类的生活与筑居过程正是"栖居"景观的形成与汇聚过程。英戈尔德还引入了"taskscape"一词,用以指代日常实践中正在形成的景观。在英戈尔德之后,学界出现了"非表象理论"(non-representational theory),将研究者的注意力从假定的意义转向支撑表现形式的物质组成和行为。英国景观研究沿着"非表象理论"的发展脉络,围绕景观影响、景观存在、景观传记和景观运动等观点展开研究。

现象学方法使景观研究从笛卡尔式的、"观众的"认识论转向现象学的"主客合一"视角;在方法论上,它从解释学和话语分析转向民族志;在研究议题和方法上更直接、细致地分析个体参与及具体的景观行为。新近的现象学探索景观里发生的移动(movement)和流动(mobility)行为,关注人们在迁移过程中的景观感知。身体知觉、感知与物质环境是互联互通的,主客相互建构,且这一过程是不断变化的。景观成为日常的、瞬间变化的和流动的一种形式。

五、乡土景观

19世纪,活跃于受欧洲殖民主义巨大影响地区的地理学、人类学和社会学领域的学者们提出,日常生活环境是提供社会生活和文化价值的重要线索。在美国,贯穿20世纪初期的民粹主义以及20世纪30年代的地域主义,激发了大众对有活力的公共建筑、社区和日常生活景观的兴趣。受瑞尔福的"场所感"研究、梅洛·庞蒂的现象学以及列斐伏尔(H. Lefebvre)的"日常生活重要性"理论的启发,杰克逊和梅尼格等关注与普通场所、景观相关的共同价值。杰克逊用"乡土景观"(vernacular landscape)来描述人们居住和工作的普通日常生活世界;他认为景观不是艺术作品,而是人们通过汗水、劳作和认真思考创造的临时性产物。他坚持景观研究的首要对象应是普通居住场所和日常生活实践的场景,城市景观也因此受到重视。"乡土景观"被认为高度综合了地理、生态、美学、社会和政治等景观所包含的所有方面。斯蒂尔格(J. R. Stilgoe)解释道:"普通、日常的景观不是粗鲁或粗俗的景观,而是指属于每个人的,能被所有人理解和认同,世代相传的景观"。杰克逊对聚居模式、宗教起源的探索,对战后美国景观以及日常生活景观实践的流动性和移动特征的敏锐洞察,开启了景观概念民主化的时代。杰克逊最突出的贡献在于将普通景观的物质性和象征性结合起来,将景观的象征、信仰与日常生活世界的意义和价值结合起来,挖掘了普通景观的象征性维度,从而引领了人文地理学的一个新方向——在历史的、高雅的景观之外,开始寻求理解普通生活的社会历史形态,将所有普通景观视为文化价值、社会行为的象征和表达。景观研究对象转向充满想象、意义、集体信仰及习俗的普通景观。

刘易斯(P. F. Lewis)提出了一系列解读普通日常景观意义的途径。他认为,景观是文化的线索,景观中的每个要素几乎都会以某种方式"映射"或"体现"文化。然而,通过"传统的学术手段"来研究景观往往存在困难。历史对于景观的结构和外观具有至关重要的影响,同时,景观的位置和物质环境也是不可忽视的重要因素。尽管景观中的所有要素都蕴含着某种意义,但它们并不容易被识别。在考察美国普通日常景观时,刘易斯较少关注景观美学,而是更多地融入了社会公平、政治、经济、人类关系等维度,这不仅促进了对景观历史演变的理解,还为进一步判断当前景观发展的可能性提供了有力支持。

杰克逊等人发展的"乡土景观"理论,成为美国景观研究的主要传统理论。景观的象征性价值再次被提及,但更强调个体的、普通景观的价值。

六、景观是政治与社会空间

受文化马克思主义影响,新文化地理学开启了从政治和社会视角对景观的研究。20世纪80—90年代,后马克思主义学者将之拓展到社会空间(social space)、竞争性景观(contested landscape)、移动的景观(movement landscape)、放逐的景观(exile landscape)和恐怖的景观(terror landscape),以及景观记忆和政治等领域,引发了一系列聚焦于阶级冲突、不平等权力关系和社会认同感建构的研究,以及基于民族、种族、阶级、年龄或性别的社会空间研究。这些研究不仅剖析了这些空间如何塑造(或重构)社会等级,而且考察了个体、群体及其社会活动如何定义、强化和抵抗社会阶层。为区别于传统的景观概念,近年来的一些研究者更倾向于使用中性词"空间"或"社会空间"来替代"文化景观"。

早在20世纪70年代中期,塞缪尔斯(M. Samuels)就前瞻性地提出"景观由作者创造,且作者赋予了景观意义"。海顿(D. Hayden)则通过她建立的名为"场所力量"的组织,借助合作性公共艺术项目,揭示了城市公共景观中诸如妇女和种族历史之类的问题。这些项目使得一些被遗忘的场所,特别是与少数群体有关的方面,重新获得关注。在她的著作《场所力量》(*The Power of Place*)中,海顿强调了公共空间在塑造文化认同中的作用,并揭示了景观如何成为"社会记忆的仓库"。对于海顿而言,场所力量指的是普通景观滋养公民公共记忆的能力。克莱斯威尔(T. Cresswell)观察到,公共空间往往也是国家、合作组织、地方政府确定各自权力及意识形态的场所。

在塞缪尔斯观点的基础上,雅各布斯(J. Jacobs)和海顿指出,城市景观是由众多作者共同创造的地域,其中蕴含着与场所相关的多重意义和竞争性价值。米特切尔则认为,景观是从竞争、妥协等社会动因关系中建构起来的,他激进地批判了统治和霸权,深刻地探索了景观的政治性。本德指出,在殖民和后殖民背景下,殖民者和原住民之间完全不同的社会、政治和经济实践,导致了双方的严重冲突,这体现在双方对场所和景观完全不同的理解上,彼此不能认同或容忍。后殖民主义视角转向关注非殖民化、动荡的景观,流散侨民及其归属感,以及边缘群体的景观和逃亡的景观等,从而引发了对景观、记忆和认同感交织的深入探究。随着记忆研究和遗产政治的兴起,一系列关于文化景观的关键议题也随之出现。北美和英国的文化、历史地理学者在景观文化与政治、冲突的记忆、遗产和认同感等的研究方面,作出了大量贡献。

七、景观是遗产

将景观视为遗产的观念可以追溯到20世纪50年代,由霍斯金斯的景观研究所确立。在英国,景观、历史、乡村性、田园风光和怀旧等概念之间有着十分紧密的联系,霍斯金斯强调景观的历史性深深植根于地方性之中。梅尼格在霍斯金斯的地方主义基础上,提出了一个更为深刻的观点,即景观分析本质上是对地方历史形态的研究。罗温索早期则从"场所感"入手,探讨景观的意义和价值,提出文化景观具有遗产价值,这种观点后来成为遗产理论的核心。罗温索通过分析美国人的乡愁,探讨了"有形的过去"和景观的关系,将"有形的过去"和人们的场所记忆、认同感、历史及遗产等概念联系在一起,揭示了景观不仅与"有形的过去"和"遗产"相关联,更是承载着重要历史信息、与遗产价值紧密相连的宝库。邓肯夫妇则从解释学的哲学视角出发,阐明景观有助于形成社区价值和基于场所的社会认同感,因此景观处处彰显着作为遗产的重要性。泰勒指出,文化景观蕴含了我们社会和历史的丰富信息,很容易使我们联想到遗产价值。遗产景观不仅涵盖了有形的物质层面,而且包括广泛的价值观念和习俗等精神层面的传承,这促使我们与过去、社会历史建立联系,加强场所感。景观因其场所的物质性、历史性、地方性和认同感,成为人们创造和建构遗产价值的基础。

"凝视"理论为西方景观研究确立了视觉性和物质性基调。"看的方式"理论认同视觉性本质,但受文化马克思主义阶级性思想的影响,通过对资本主义社会经济关系和精英阶层与景观象征性意义的批判式审视,转向了文本解释和政治视角。"景观的文化"理论则吸收了文化马克思主义重视实践的观点,强调景观的物质性,并引入时间意识,在实践与物质性生产的动态过程中解读景观。"现象学途径"则将景观的实践性本质及时间性与人的存在相关联。"乡土景观"理论重视日常景观的物质实践及临时性特点,将普通景观的物质性和象征性相结合,拓展了"看的方式"所关注的象征性范畴;"政治与社会空间"理论强调景观是一个包含多元矛盾、象征意义和流动性的政治社会空间;"景观是遗产"的理论则将景观有形的物质性与无形的历史性、地方性以及认同感相联系,构成遗产价值的核心维度。

基于上述西方文化景观理论所揭示的自然的文化性、动态的历史建构性、地方性、物质与精神性以及景观在社会和经济背景中的意义,为了弥合自然与文化、东西方文化差异的鸿沟,1992年世界遗产委员会将文化景观设立为新的文化遗产类别。世界遗产文化景观的三个子类涵盖了人与自然之间不同的相互作用方式。

第三节 景观意义和价值的诠释途径

西方文化景观理论的发展历程表明,尽管不同理论视角在研究目的、历史时期和关注议题上存在差异,但相关研究者都重视从多元视角,以脉络演进的方式来阐释文化景观,并指向当代的一个共识:"景观意义和价值"是文化景观研究与实践的核心主题。对景观意义和价值的诠释,既是解释性的,又是评估性的,其中,解释性方面基于理论和历史的分析,评估性方面则基于对保护实践的批判性分析。

一、理论视角的价值诠释

通过采用谱系学方法对"文化景观"的词源和理论视角进行梳理,我们发现文化地理学主导的文化景观理论研究为理解文化或人文创造的景观提供了丰富的释义。例如,景观被看作"象征性的、代表性的一种表达";景观是"基于阶级的、政治化的和社会生活(再)生产的核心";景观是"生产和消费";景观是"空间和视觉的标志共同体,常等同于特定的场所和时间,也可指这样一个共同体的构成部分";等等。这些围绕"景观是什么"的研究,不仅涉及广泛的学科领域,而且深受不同地区、国家的社会与文化影响。例如,美国人文地理学研究的核心是景观,其景观研究关注景观的物质性与日常生活、场所记忆及认同感、景观中的冲突与公平等问题;英国则持续发展现象学的景观解释。这些有着不同哲学基础的多种景观释义交织在一起,为解读景观价值提供了多元视角和途径。不同视角下的"文化景观",其哲学认识论、方法论、人与自然的关系及研究焦点互不相同,但它们之间又相互关联、纵横交错(图2.4)。

二、多种定义的诠释

有多种关于"文化景观"的定义,每种定义都展现了诠释文化景观价值的特定视角。其中,具有代表性的定义如下。

(1) 文化景观是由文化团体在自然景观基础上塑造出来的。文化是动因,自然区域的媒介,文化景观是结果。在既定文化的影响下,文化景观本身随着时间而变化、发展,并经历了各个阶段。

(2) 景观是一种文化图像,它以风景的形式表现、组织或象征周围环境。这些图像可以用各种材料在不同表面上呈现,如画布上的颜料、纸上的文字,以及大地上的泥土、石头、水和植被。

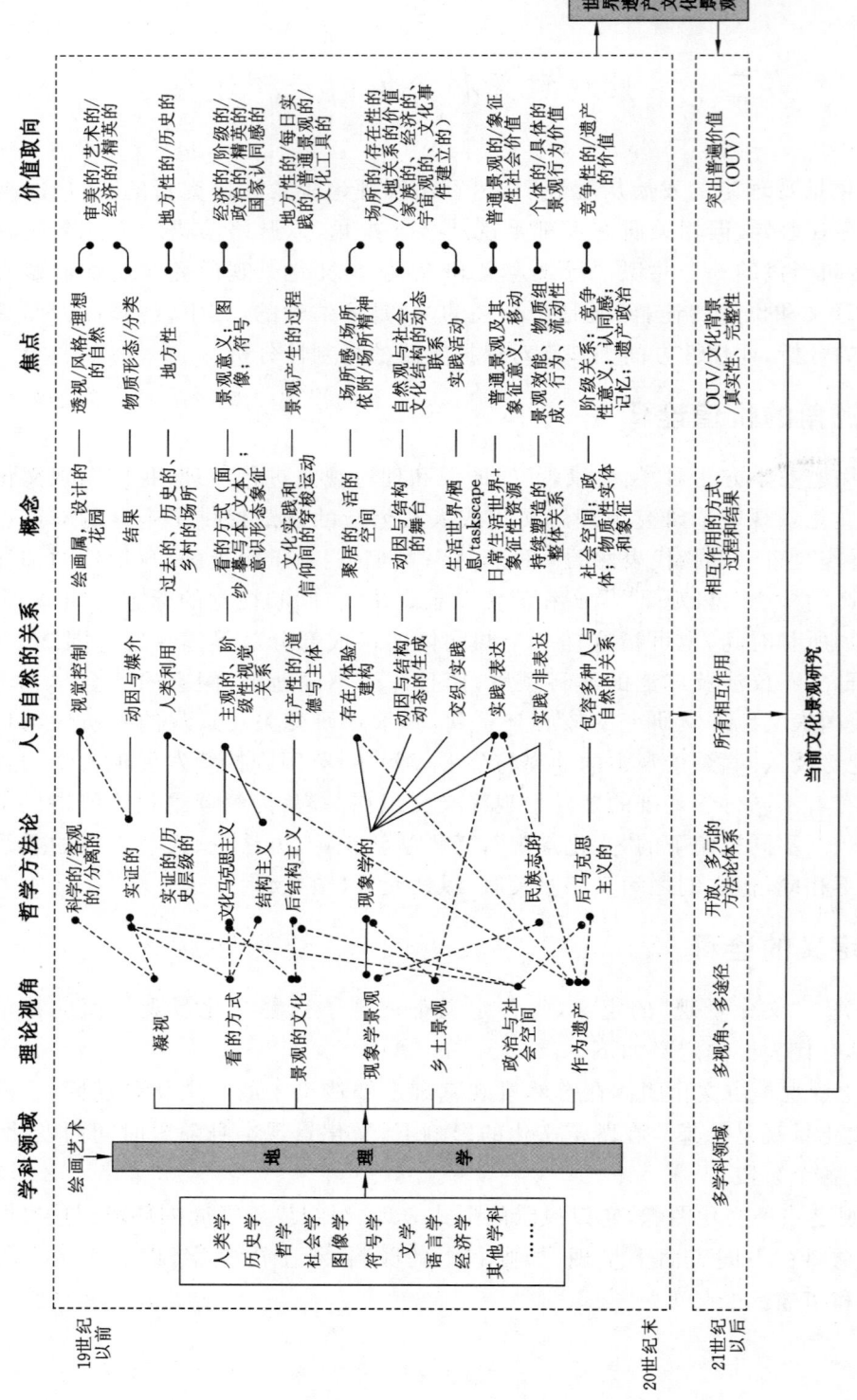

图2.4 西方文化景观价值诠释

（3）文化景观可以体现为故事、神话和信仰，也可以是荒野或普通景观。它们可以是代表民族特性的景观，蕴含当地民间传说的场所，或是蕴含着古代神话意义的神圣之地。

（4）文化景观是持续演进的人文景观，由自然物理环境、人类对该环境的改造，以及由此产生的景观对内部和外部的意义之间的辩证关系组成。随着时间的推移，这三个元素之间会发生持续的互动。因此，文化景观概念体现了对历史的动态理解，将过去、现在和未来紧密联系在一起。

（5）文化景观展示了人类社会和聚落在自然环境的物质制约或机会，以及外部和内部的社会、经济和文化力量的持续影响下，随着时间的推移而发生的演变。

（6）文化景观概念适用于那些自然特征对人类具有特殊意义的景观区域，例如，澳大利亚原住民的传统景观，以及经过高度改造或开发的景观。这些场所可能是持续使用的，也可能是现存遗迹的集合。

（7）景观概念之所以变得如此有用，原因之一就在于它是一个介于人与自然之间的概念。当简单的决定论被打破，学科之间的界限不断被突破的时候，拥有一个没有固定立场、其含义难以捉摸但潜在范围包罗万象的概念是非常有用的。

三、世界遗产实践中的价值观

（一）自然和人的生态价值——IUCN的重点

成立于1948年的世界自然保护联盟（IUCN），不仅是世界遗产中心负责评估自然遗产突出普遍价值的咨询机构，而且在全球保护地管理体系的建立和领导方面发挥着重要作用，是国际自然保护领域最重要的机构之一，引领着全球自然保护的方向。无论是世界遗产体系还是保护地体系，所管理的自然价值都不是静止不变的，伴随世界遗产50多年的发展，IUCN的自然价值观念也发生了变化。

20世纪60年代，西方的环境危机加剧了人与自然的对立，当时普遍存在着对人与自然平等和谐相处的质疑。《世界遗产公约》诞生于20世纪70年代初的西方，其保护理念深受当时西方哲学传统的影响，即人与自然分离、自然与文化二分，认为人类与自然的分离更有利于自然环境价值的保护。因此，在世界遗产实践中，保护对象被分为文化遗产和自然遗产两大类，界限分明。即使在混合遗产类别中，也不要求自然与文化之间存在实质性的内在联系。此外，该公约还体现了西方传统的理性精神，而非理性价值则被忽视。在这样的背景下，IUCN在考察和评估自然价值时，重视生物多样性等科学价值，要求遗产的自然价值必须是客观的、有形的、可量化的，甚至对自然的美学价值也进行了量化处理。自然的非物质价值、精神和文化价值则被忽视或被刻意淡化，如山岳崇拜。

20世纪70—80年代，在世界自然遗产保护的传统领域，一系列实践如拯救濒危物种、建立国家公园和保护地、评估物种以及生态系统保护与恢复等，都强调自然遗产地应呈现为"纯净的"、无人类痕迹的处女地状态。这导致世界遗产与生动鲜活的人类生活分离开来,原住民在保护自然遗产的名义下被迫离开世代生活的土地,世界遗产开始和地方传统及民众产生对立。在这样的自然价值观导向下,遗产地的自然生态价值与人的生存价值发生了严重冲突,世界遗产事业的可持续发展面临严峻挑战。

在20世纪90年代世界遗产文化景观观念的影响下,IUCN对传统世界遗产价值视野及其造成的人地关系对立等问题作出了积极回应。1994年,IUCN修订了《保护地管理类别导则》(Guidelines for Protected Area Management Categories),在其主导的保护地体系里,将保护管理的重点从第Ⅰ～Ⅳ类转向第Ⅴ类陆地/海洋景观保护区和新增的第Ⅵ类——资源管理保护区。保护的价值从自然生态价值,转向人类参与的自然可持续利用价值;人类作为生态系统的一部分及其对于自然生态保护的价值,以及自然生态体统对人类社会的服务价值等成为IUCN关注的重点。在传统领域之外,IUCN还提出了"可持续利用是保护自然的良好方式""为了生存利用自然资源的人类可以成为保护自然的卫士"等新观念,使自然的生态价值与人的生态价值不再对立。对自然和人的生态价值相互依存关系的认同,促使IUCN开始与ICOMOS合作,并于2001年特别设置了评估条例,以评估文化景观的自然价值,包括:①自然地域中生物多样性的保护;②农耕地中生物多样性的保护;③可持续的土地使用;④自然美景的维护;⑤当地动植物的杰出展示;⑥人与自然之间杰出的互动关系;⑦历史上重大的自然发现。

(二)世界遗产文化景观作为连接自然与文化价值的桥梁

1992年,世界遗产委员会设立的文化景观遗产新类别,为描述人与自然的关系提供了一种更为广阔且新颖的价值视野:景观既是一种看待环境的方式,也是环境本身;景观具有高度的文化性,加上"文化"这一描述性定语,形成"文化景观"的概念,从而强化了人与自然之间的关系表达,以及景观中包含的有形和无形的文化价值。在这种视野影响下,人们更加关注因全球化而消失或变得脆弱的自然的非物质遗产价值,使得那些普通的、无形的遗产价值也被纳入保护范畴。文化景观的社会性、动态性使其价值只有与特定地域的政治、经济、文化相关联才能显现,因此,非物质的政治、经济等因素也被纳入了景观价值的考量范畴。

世界遗产文化景观是"自然与人类的共同作品",具有显著的自然特征与自然价值。然而,评估文化景观的自然价值所依据的标准,显然不同于评估世界自然遗产自然价值时所采用的标准。为此,IUCN特别设置了七项评估条例,以评估文化景观的自然价值。这些条例充分考虑了文化景观的本质——"人与自然的相互作用",并强调了自然对人类的影响,以及人类对自然的利用和对自然价值的升华,涵盖了自然-物质价值、社会价值和精神价值等不同层面。评价世界遗产文化景观价值的标准一直在讨论发展中。目前,围绕其价值主要存在四个争论点:其一,文化背景被视为理解世界遗产文化景观丰富且多层次价值内涵的关键,并成为引起诸多讨论的焦点之一;其二,在文化景观语境下,识别和维护真实性与完整性是一个极具挑战性的目标和另一个争论的焦点;其三,传统文化景观实践和生物多样性的关系是文化景观保护管理实践的焦点,同时也是土地利用和场地管理领域面临的新挑战;最后,近年来人权问题成为热点议题,文化景观被视为对抗世界遗产霸权主义的解药,在人权语境和景观管理中,当地社区和原住民的价值受到了前所未有的重视。因此,人们尤为关注以下问题:景观(无论是否为世界遗产)代表了谁的价值?哪些价值应该优先得到保护?在人与自然、生态保护、习俗规范和社区融入保护等方面,应优先考虑哪个?

3

《实施世界遗产公约操作指南》与澳大利亚景观遗产保护管理

《实施世界遗产公约操作指南》(以下简称《操作指南》)对世界遗产的突出普遍价值、评估标准、真实性和完整性的基本概念进行了详细解释,并在保护和管理体系的要求等方面,始终随着社会环境的变化而不断更新,保持了与时俱进的特点。它不仅是全球各地区及国家鉴别本土遗产的参考基准和建立本国遗产保护管理体系的重要指导框架,同时也为讨论和交流本土遗产价值观念和实践经验提供了平台。

澳大利亚在遗产保护的研究和实践领域一直处于世界领先地位。作为全球最早签署《世界遗产公约》的国家之一,澳大利亚于 1975 年通过了本国的遗产保护法《澳大利亚遗产委员会法》(*The Australian Heritage Commission Act*),并于 1976 年成立了澳大利亚古迹遗址理事会。1979 年,澳大利亚颁布了本国版的《威尼斯宪章》——《巴拉宪章》(*the Burra Charter*),为澳大利亚的遗产评估提供了明确的指南;同年,还公布了《保护规划》(*Conservation Plan*)(图 3.1),作为澳大利亚遗产管理的工具。澳大利亚的国家遗产管理充分体现了将国际《操作指南》的基准框架与本国遗产观念和景观途径紧密结合的智慧和经验,对亚太地区乃至全球的景观遗产保护和管理都具有重要启示意义。

图 3.1　澳大利亚《保护规划》①

第一节　《操作指南》运作方式

一、评估遗产的"突出普遍价值"

《操作指南》首先要求各缔约国准备一份预备名录。该名录应包含各缔约国认为适合申报《世界遗产名录》且位于其本国领土内的遗产清单,其中也涵盖景观遗产。因此,缔约国应在预备名录中详细列出其认为可能具有突出普遍价值并计划在未来几年内申报的遗产。此类清查工作需要根据世界遗产登录标准对名录中的遗产进行逐一评估。《操作指南》设定了评估世界遗产突出普遍价值的十条标准,其中,标准(i)~(vi)用于评估包括文化景观在内的文化遗产的价值,标准(vii)~(x)用于评估自然遗产的价值(图 3.2~图 3.7)。这套遗产价值评估标准也体现出 ICOMOS 和 IUCN 两个咨询机构的分工。列入世界遗产名录的遗产必须符合至少一条突出普遍价值标准,十条标准如下。

---

① 图 3.1 来源:http://australia.icomos.org/wp-content/uploads/The-Conservation-Plan-7th-Edition.pdf。

（i）代表了人类创造力的杰作。

（ii）展示了在一段时期或在某个世界文化区域内，在建筑、技术、建造艺术、城镇规划或景观设计方面的人类价值的重要交流。

（iii）无论是现存的还是已经消失的，都是某种文化传统或文明的独特或至少是杰出的范例。

（iv）是某类建筑、建筑（技术）组合或景观的杰出范例，展示了人类历史的重要阶段。

（v）是某种传统的人类聚居、土地利用或海洋利用的杰出范例，代表了一种（或多种）文化，或人与自然环境的相互作用，特别是它在不可逆的变化冲击下显得十分脆弱。

（vi）直接或切实地与具有突出普遍意义的事件、生活传统、观念、信仰或伟大的文学艺术作品相关（委员会认为这条标准最好与其他标准结合使用）。

（vii）包含了卓越的自然现象或具有突出的自然美和审美重要性的区域。

（viii）是地球历史阶段的突出代表，包括生命证据、地表形成中的关键地理过程或重要的地貌及自然特征。

（ix）代表了重要的生态和生物进化过程，是地表、淡水、海岸、海洋生态系统或动植物群落的杰出代表。

（x）包含对就地保护生物多样性最重要和最有意义的自然栖息地，包括从科学或保护角度看具有突出普遍价值的受威胁物种的自然栖息地。

具有突出普遍价值的遗产被认为具有超越国家边界的自然和文化重要意义，对当代所有人类以及后代具有普遍的重要性。被认定为具有突出普遍价值的遗产必须满足真实性和完整性要求，并需建立适当的保护管理体系以确保其得到妥善保护。

图 3.2　巴米扬谷的文化景观和考古遗迹①

[同时符合标准（i）（ii）（iii）（iv）（vi）]

图 3.3　武陵源风景名胜区

[符合标准（vii）]

---

① 图 3.2 来源：世界遗产中心网站，https://whc.unesco.org/en/documents/109141。

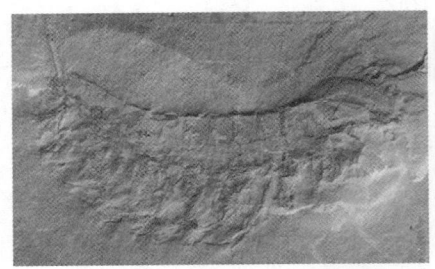

图 3.4　澄江化石遗迹
[符合标准(viii)]

图 3.5　新疆天山①
[符合标准(ix)]

图 3.6　黄渤海鸟类迁徙地②
[符合标准(x)]

图 3.7　三江并流保护区
[同时符合标准(vii)(viii)(ix)(x)]

二、描述遗产的属性和特征

通过一系列程序来评估提名遗产的价值,首先要描述其属性和特征。

遗产的属性可以是物质的或是非物质的,包括以下八个方面:①形式和设计;②材料和实质;③用途和功能;④传统、技术和管理体系;⑤位置及环境;⑥语言和其他形式的非物质遗产;⑦精神和感受;⑧其他内部和外部因素。属性是理解文化遗产真实性和完整性的关键,也是遗产保护和管理的重点。

对于自然遗产,更常用"特征"来描述,包括六个方面:①视觉或美学上的重要性;②自然特征或自然栖息地的范围尺度;③自然或生态过程的完整性;④自然系统的自然性和完整性;⑤珍稀物种的生命力;⑥稀有性。

三、评价遗产的真实性和完整性

根据标准(i)~(vi)申报的遗产必须满足真实性的要求,即真实性仅适用于文化遗

---

① 图 3.5 来源:世界遗产中心网站,https://whc.unesco.org/en/documents/123173。

② 图 3.6 来源:© Yancheng Broadcasting Television,世界遗产中心网站,https://whc.unesco.org/en/documents/166354。

产。包括《奈良真实性文件》在内的国际文件为评估文化遗产的真实性提供了切实可行的依据。真实性要求将遗产的属性与其潜在的突出普遍价值相关联,这种关联需要真实地表达以使属性可以完全体现遗产价值。《操作指南》指出,如果文化遗产的属性真实、可信地反映其文化价值,那么该遗产就可以被认为满足了真实性的要求。

同时,所有申报列入《世界遗产名录》的遗产都必须满足完整性的要求。审查遗产的完整性时,需要评估其符合以下特征的程度:①包含了所有代表其突出普遍价值的必要因素(属性);②有足够的面积,保证完整地体现遗产价值的特色或过程;③所承受的因开发或缺乏维护带来的负面影响。

完整性的关键是完整(wholeness)、完好(intactness)和不受威胁(absence of threats)。"完整"是指遗产地包含了所有必要属性;"完好"是指所有必要属性仍然存在,没有消失或遭到严重破坏;"不受威胁"是指没有属性受到发展、破坏或忽视的威胁。

四、评价遗产的周边环境并确定缓冲区

世界遗产的保护管理须确保其在列入《世界遗产名录》时所具有的突出普遍价值以及真实性和完整性在后续得到保持和加强。为此,所有登录的遗产必须有长期、充分的立法、规范、机构和(或)传统的保护和管理保障。缔约国在提交申报文件时,需要附加文件明确阐述对申报遗产所采取的具体保护措施。划定边界是对申报遗产进行有效保护的核心要求。因为遗产的周边环境(setting),如某些遗产周边延伸的视域范围,是与遗产突出普遍价值密不可分的遗产组成部分,所以也应对其进行评价。如果周边环境有助于欣赏遗产的突出普遍价值,但不能贡献此价值,那么应将其纳入缓冲区(buffer zone)或以其他的方式加以保护。环境不仅涉及与遗产相关的物质和视觉方面,还包括与自然环境的相互作用,过去或现在的社会及精神实践、习俗、传统知识、使用方式或行为,以及其他构成空间、动态文化、社会、经济背景等无形文化遗产的方面。《操作指南》要求,在必要时,应设立恰当的缓冲区(图3.8)以有效保护遗产。缓冲区应有利于保护和管理遗产突出普遍价值的真实性、完整性和可持续性,并清晰界定世界遗产的周围环境。缓冲区的功能应该反映出不同的保护与管理类型及其程度,旨在保护和维持遗产的突出普遍价值。

五、进行比较分析

因为要根据重要性对申报的世界遗产进行严格评估,所以必须在国家和国际背景中进行比较分析。这包括与相似的遗产进行比较,无论它们是否已被列入《世界遗产名录》,以便清晰阐述为何提名遗产具有突出普遍价值。世界遗产委员会鼓励缔约国在本国范围内也进行类似的遗产评估。

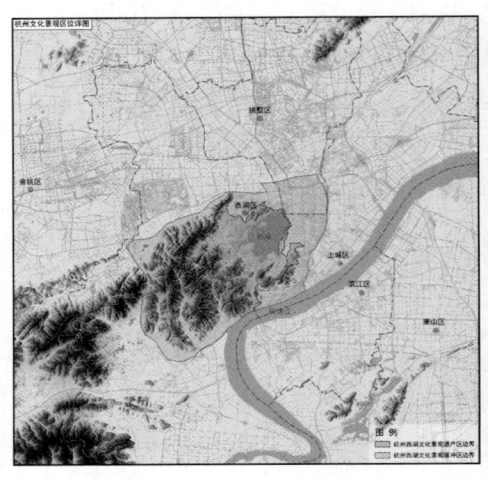

图 3.8　遗产及其缓冲区
(左:杭州西湖文化景观①;右:澳大利亚乌鲁鲁-卡塔丘塔国家公园)

第二节　澳大利亚国家遗产管理

一、预备名录的运作

(一)澳大利亚的"遗产"概念

澳大利亚的"遗产"概念经历了发展的过程,澳大利亚遗产委员会将景观视野纳入其中,这样描述"遗产"概念:"遗产涵盖了构成澳大利亚认同的所有事物——我们的精神和创造力、历史建筑以及独特且生机勃勃的景观。我们的遗产既是过去遗留下来的宝贵财富,也是我们今天生活中不可或缺的一部分,更是我们将要传承给后代的故事和场所。"②

(二)澳大利亚的遗产评估标准和门槛

澳大利亚遗产名录涵盖了不同级别的遗产,包括世界遗产、国家遗产、联邦遗产、州/领地遗产和地方遗产。其中,最高级别的遗产如卡卡杜国家公园(Kakadu National Park)、悉尼歌剧院,已被列入《世界遗产名录》;而地方遗产名录中则可能包含当地的自然保护区或某个邮局。澳大利亚各级政府以遗产名录作为公众识别澳大利亚遗产的基础,保护这些遗产,并传播其重要性。

---

① 图 3.8 左图来源:《杭州西湖文化景观管理保护规划(2021—2035 年)》(草案公示版)。
② http://www.environment.gov.au/heritage。

与世界遗产委员会的设定类似,澳大利亚以"标准和门槛"(criteria and thresholds)作为评估场所遗产重要性的关键工具。这些遗产标准由遗产原则、遗产特征和遗产类别组成,用来评估某个场所是否具有遗产价值。此外,还设立了一个列入遗产名录的"重要性门槛"(significance thresholds),作为场所列入遗产名录所需展示的遗产价值等级,不同级别的遗产名录其门槛亦有所不同(表3.1)。

表3.1 澳大利亚遗产标准和门槛

管理层级	遗产级别	门槛
联合国教科文组织	世界遗产	具有突出普遍价值
联邦	国家遗产	对国家具有突出的遗产价值
联邦	联邦遗产	具有重要遗产价值
州或领地	州或领地遗产	在本州或领地具有重要意义
地方	地方遗产	在当地社区具有重要意义

随着澳大利亚遗产委员会对遗产社会意义研究的深入,与"重要性门槛"概念相关的理论不断发展。澳大利亚文化遗产委员会的工作重点是将遗产列入《国家遗产名录》,因此它十分关注"门槛"的本质。从遗产规划角度来看,门槛是遗产列入名录所需达到的水平,高于门槛的场所可被列入,而低于门槛的场所则不能被列入。为了确定任何特定遗产的"重要性门槛",委员会制定了列入和排除的标准。最初,文化遗产主要因其历史重要性而被列入名录,因此门槛相对容易确定。然而,与美学和社会重要性相关的门槛不容易评估。于是,澳大利亚文化遗产委员会委托并开展了多项研究,以探讨与确定"重要性"相关的哲学问题,并由此积累了有关遗产评估实践的理论。这是一个颇具挑战性的领域,但通过严谨地运用现象学和解释学方法,我们有机会对构成遗产价值的要素进行更深入的解释。

一个场所若要被列入《国家遗产名录》,需要符合以下一项或多项国家遗产标准。

(1)由于该场所在澳大利亚自然或文化历史进程或模式中占有重要地位,因而它对国家具有突出的遗产价值。

(2)由于该场所包含了澳大利自然或文化史上罕见、稀有或濒危的内容,因而它对国家具有突出的遗产价值。

(3)该场所可以提供有助于了解澳大利自然和文化历史的信息,因此对国家具有突出的遗产价值。

(4)该场所在展示澳大利亚自然或文化场所及其环境的主要特征方面具有重要意义,因而对国家具有突出的遗产价值。

(5)该场所在展示某个社区或文化群体所珍视的特定美学特征方面具有重要性,因而对国家具有突出的遗产价值。

（6）该场所在展示某一特定时期的高度创造性或技术成就方面具有重要性，因而对国家具有突出的遗产价值。

（7）由于特定社会、文化或精神原因，该场所与某一社区或文化族群有着密切或特殊的联系，因而对国家具有突出的遗产价值。

（8）该场所因与澳大利亚自然和文化历史上重要的人或群体的生活或作品有特殊联系，而对国家具有突出的遗产价值。

（9）该场所作为土著传统的一部分具有重要意义，因此对国家具有突出的遗产价值。

二、国家遗产重要性的确定

首先根据上述标准和门槛确定场所的遗产价值，接着确定其重要性等级。这个流程与世界遗产委员会所采用的方法类似，具体步骤如下：①利用设定的门槛判断某个场所是否对国家具有突出的遗产价值；②与其他场所进行比较分析，以进一步确定某个场所是否超越了国家遗产的门槛；③分析其完整性，确定关键的遗产价值要素是否保持完好；④分析其真实性，确定遗产价值是否是真实的，或真实性没有被破坏。

评价过程的第一步是确定适用于场所潜在遗产价值的重要性指标，这些指标在《国家遗产名录指南》的每一条标准下均有详细说明。在确定场所具有突出遗产价值的过程中，还需对其遗产价值进行比较分析。虽然国家遗产具有经过比较的、除世界遗产外最高级别的重要性，但并不要求对澳大利亚这个国家具有突出遗产价值的场所对所有澳大利亚人来说具有重要性。

三、历史主题与重要性声明

"历史主题"（historic themes）是解读澳大利亚各级别遗产场所或景观历史与叙事的重要工具，它可以将丰富的遗产信息有序整合，并赋予其深刻意义。每个州/领地的遗产委员会已经根据本地特色，发展出相应的历史主题体系。例如，新南威尔士州有36个可供对该州主要历史活动、历史进程和实践进行分类的主题。历史主题既可聚焦于场所或景观中的人类行为，也可侧重于场所本身。以昆士兰州卡尔戈国家公园（Culgoa National Park）为例，其465个文化遗产要素可通过五个历史主题来涵盖：土著人的遗产（aboriginal heritage）；"测量、勘探"（marking the land）；"发展畜牧业"（working the land）；"聚居"（living on the land）；"保护景观"（conserving the landscape）。

历史主题方法通过识别历史主题、遗产要素特点和价值等，成为遗产场所管理的工具，具体作用包括：辅助管理规划和制定决策（全面梳理场所的文化遗产要素）；填补历史信息空白，识别文献未曾记录的文化遗产要素；为标识场所的文化遗产要素提供框架；为理解场所的历史奠定基础，解释各历史主题之间的关联性；将文化价值与历史层级相联系；为遗产重要性声明做准备。

澳大利亚遗产的"文化重要性"(cultural significant)是通过为收藏品、场所、区域或公园景观编写一份文化重要性声明(statement of cultural significance)来评估的,例如,描述和总结一个场所对社区的重要价值。这份声明要写得清晰易懂,篇幅一般不超过一页。

编写文化重要性声明应遵循如下要求:通过使用历史主题表等方法,对该场所的遗产信息进行组织和排序,总结收集到的信息;利用遗产评估标准,通过确定该遗产的社会或精神意义、历史意义、科学或研究意义、艺术或审美意义评估其重要性;将该场所/景观与其他已知的类型进行比较;确定该场所/景观是否稀有和有代表性;考虑该场所/景观的状况——状况并不决定其重要性,但若失去完整性可能会降低其重要性;确定该场所/景观的重要性级别(世界级、国家级、州/领地级、地方级或无);考虑重要性的动态变化。

例如,"卡尔戈国家公园的文化重要性声明"。

卡尔戈国家公园文化重要性声明

卡尔戈国家公园的景观具有重要的历史、社会、科学和美学价值。该公园的地形、植被、历史、物质遗迹和当代场所依恋结合在一起,构成了一个复杂、多层次的文化景观,记载着过去和现在的峥嵘岁月。

景观特征:卡尔戈国家公园的历史景观特色鲜明,包含19世纪中叶至20世纪末澳大利亚半干旱地区畜牧业的代表元素。以其自然形态反映了澳大利亚半干旱畜牧业理念和过程的演变,并展示了英国农耕体系对当地环境的适应。整个景观的空间布局映射了过去160年间社会观念、政府政策和个人经历的变迁。

实物证据:景观的大部分布局和结构依然存在,包括地籍边界和测量标记、牧业边界和内部划分、生活和工作建筑群、主要交通网络和更广泛的地理环境。因其景观和遗产要素的完整性,卡尔戈国家公园历史文化景观中包含的实物证据具有很高的科学研究价值。这些物质遗迹的价值很大程度上源于它们与连续的历史活动(畜牧业)的关联,以及它们作为一组相互关联的要素的完整性。

原住民依恋:现今的穆鲁瓦里原住民社区与卡尔戈国家公园的景观有着文化联系,这种联系源于与欧洲接触前原住民长期占领该场所,并产生历史互动和当代依恋。原住民利用历史景观的实物证据(物品、营地、建筑结构、二作场所、足迹和路径)、故事、野生资源和景观本身,共同为当今的原住民社区提供了与过去的紧密文化联系。

社区价值:卡尔戈国家公园的景观为该地的社会价值提供了物质载体。公园的牧场景观和关于公园的叙述对过去的牧场主、工人、游客、邻居及其后代都具有重要意义。这是一个与当地人有着牢固而悠久联系的历史场所。这里有据可查的共同历史,体现了当地英裔澳大利亚人、其他族群和原住民之间的互动。

美景:卡尔戈国家公园地貌崎岖,风景优美。该地的美学特质是半干旱地貌、牧场劳作的物质痕迹和有关这个地方的故事之间内在联系的产物。

保护实践：将该景观作为保护区，对于说明有关保护、管理实践和政府作用的观点非常重要。该景观展示了自然环境管理、文化遗产管理、社区愿望管理以及水资源管理等当代政治问题之间的复杂矛盾。

澳大利亚重视通过景观途径来阐释遗产的重要性，认识到自然和景观都是持续动态变化的，重要性评价不仅具有社会性和政治性，同时也带有一定的主观性。因此，应根据实际情况对阐释遗产重要性的框架进行调整。重要性评估不是一次完成的，而必须针对文化遗产要素和价值进行长期的规划管理。

四、保护规划

澳大利亚针对各级遗产的"保护规划"(conservation plan)指以下所有文件。

(1)《遗产行动声明》：通常适用于简单的构筑物及其环境。例如卡尔戈国家公园内的许多小屋都有此文件。

(2)《保护管理规划》：这是一份解释遗产项目重要性的文件，同时提出保护政策和管理措施，以维护其重要性。此文件适用于可移动遗产、综合体（如悉尼港）、一组建筑群或辖区、成套的类似项目（如班特里湾炸药库建筑群），或整个保护区（如蒙戈国家公园）等。

(3)《总体规划》：关注文化遗产项目管理方面的关键挑战（如希尔恩德历史遗迹总体规划）。

需要制定保护规划的情形包括：遗产的使用方式发生了变化，或遗产地是一个具有多重遗产价值的复杂场所，或出现了可能对遗产造成严重不良影响的威胁。

一般来说，保护规划具有类似的结构。《巴拉宪章》为保护规划提供了框架和指导。保护规划应与遗产管理目标相关，并力求传播文化遗产价值和形成有效实用的管理体系。

第三节 "百年纪念公园地"的保护管理

百年纪念公园地(Centennial Parklands，以下简称公园地)是澳大利亚最著名、最受国民喜爱的，也是澳大利亚最具历史意义的公园绿地之一。它位于悉尼东郊的中心地带，距离市中心仅5公里。作为澳大利亚人口最稠密的城区中的一片绿洲，公园地由公园、池塘和运动场组成（图3.9），被誉为整座城市的"绿肺"。

百年纪念公园地是一个展示澳大利亚如何运用历史主题进行研究以及基于历史主题进行景观遗产保护管理的范例。

第三章 《实施世界遗产公约操作指南》与澳大利亚景观遗产保护管理

图 3.9　百年纪念公园地①

一、公园地的发展历史

公园地有着悠久而丰富的历史，它反映了澳大利亚人对自然的态度变化，并与政治、文化历史以及奠定澳大利亚国家认同感的事件交织在一起。

公园地所在的这片土地最初是一片沼泽，沿砂岩山脊有以莎草为主要植物的沼泽地和低矮开阔的林地。这些重要的生态环境今天依然存在，包括残存的沙丘和林地。如今被称为公园地的这片土地，是经过多次改造后演变形成的文化景观。

1811 年，麦格理（Macquarie）总督将这片土地划为悉尼的公共用地，供人们放牧、烧石灰和伐木。1820—1859 年，这里原有的淡水湿地和含水层系统成为悉尼的第二大水源。19 世纪下半叶，为响应世界范围内建造公园和花园的潮流，并改善日益增长的城市人口的休闲生活方式，1866 年，摩尔公园（Moore Park）首先被指定为公共开放空间。随后，根据 1887 年的议会法案，百年纪念公园（Centennial Park）和女王公园（Queens Park）也被宣布为公共开放空间，公园的地貌得到改造（图 3.10）。时任新南威尔士州州长的亨利·帕克斯爵士宣布百年纪念公园为"人民公园"，他的愿景是为悉尼市民创造一个远离市中心的喧闹、可以"呼吸新鲜空气"的场所。

1888 年，百年纪念公园正式对公众开放，用来举办纪念白人发现澳大利亚并在此定居一百周年的庆典活动。该公园占地 189 公顷（1 公顷＝10000 平方米），是南半球最大的维多利亚时代的城市公园。1889 年颁布的第一套公园管理条例中，规定包括"任何人不得在草地上行走""任何人不得在公园进行游戏活动或为比赛开展训练"。

---

① 图 3.9 来源：百年纪念公园地官网《保护管理规划》（*Conservation Management Plan*），https://www.centennialparklands.com.au/about-us/planning/conservation-management-plan。

然而，经过漫长的历史发展，百年纪念公园现已成为澳大利亚备受欢迎、充满活力的绿地之一，设有各类景点、丰富的活动和精彩纷呈的游乐项目，供游客和当地人体验。百年纪念公园一直是举行庆典活动的场所，自19世纪末以来，传统的骑马活动持续至今，使该公园成为世界上少有的在市区内提供骑马项目的公园之一（图3.11）。浓荫蔽日的野餐和烧烤区是举办团体活动的场所，芦苇环绕的池塘则是人们观赏水鸟或休息的理想之地，夏季时，公园还会开设月光影院。此外，这里还是举行摇滚音乐会的热门场所。

图3.10　公园地1887年的景观[①]

图3.11　公园地的骑马活动

现在的公园地包括百年纪念公园、女王公园和摩尔公园（包括现在被称为娱乐区的前展览场地），总面积约360公顷（图3.12）。

---

① 图3.10～图3.12均来源于百年纪念公园地官网，https://www.centennialparklands.com.au。

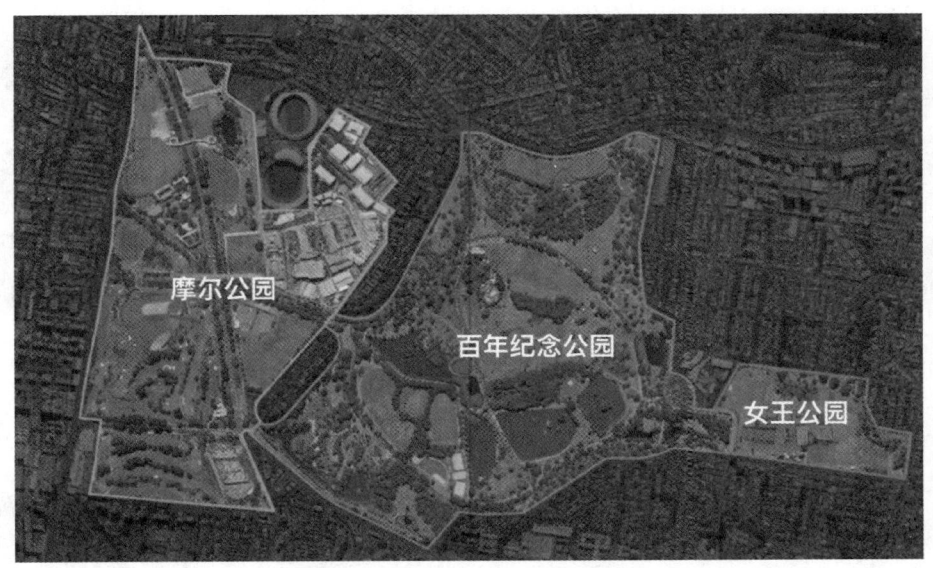

图 3.12　公园地平面图

公园地拥有丰富多样的景观,如殖民时代早期的水体遗产、众多的湖泊和池塘,它们拥有规则的或自然的水岸线,还生长着棕榈、无花果树等植被(图 3.13)。

图 3.13　公园地的丰富景观(Helen Armstrong/提供)

百年纪念公园地的设计不断演进,公园地景观反映了参与建设的人物及其观念对景观的影响。例如,总督的塑像是人们纪念他提出了"人民公园"的民主理想;宽敞的大车道代表了女王希望乘坐大马车出行的贵族价值观;植物的设计与布局则展现了植物园园长主导的花园审美观(图 3.14)。今天,这些层积的历史遗迹在公园地中依然清晰可见。例如,百年纪念公园的石制、铁制栅栏是最初设计的一部分,建于 19 世纪 80 年代末和 90 年代初,公园周边每隔一段距离就有一扇精致的砂岩大门,供车辆和行人进出;现在棕榈树、松树和无花果树等大型特色树木遍布园区,它们的位置反映了公园 19 世纪 80 年代的园林设计理念;潮湿的地方还种植了纸皮树,同时保留了 1890 年代植物园园长种植的无花果树,以及 1900 年种植的加那利岛棕榈树形成的林荫道(图 3.15)。

图 3.14　（左—右）总督像；马车大道；花园式景观（Helen Armstrong/提供）

图 3.15　（左—右）栅栏；花园景观；无花果树（Helen Armstrong/提供）

公园地现在包含的三个公园（不包括娱乐区）及公园内的多项设施已于 2000 年被列入《新南威尔士州遗产名录》，这一举措确认了它们对新南威尔士州具有的特殊重要性，并增进了社区对新南威尔士州历史的认知。此外，公园地还被列入《澳大利亚国家遗产名录》，以表彰其在国家诞生过程中所发挥的重要作用。

二、公园地的历史主题

Conybeare Morrison & Partners 项目组对公园地进行了全面深入的调查与评估，涵盖了自然环境、土著文化、考古、景观、建筑及构筑物、可移动遗产等方面的物质证据。他们据此编制了一份详尽的清单，并系统梳理了公园地的历史发展脉络，形成了清晰的历史年表（图 3.16）。

项目组基于深入的研究，在国家、州/领地和地方层级的框架下发展出代表公园地历史、遗产特征及其重要性的历史主题。这些主题体现了原住民价值、自然价值、历史价值、美学价值和社会价值（表 3.2）。

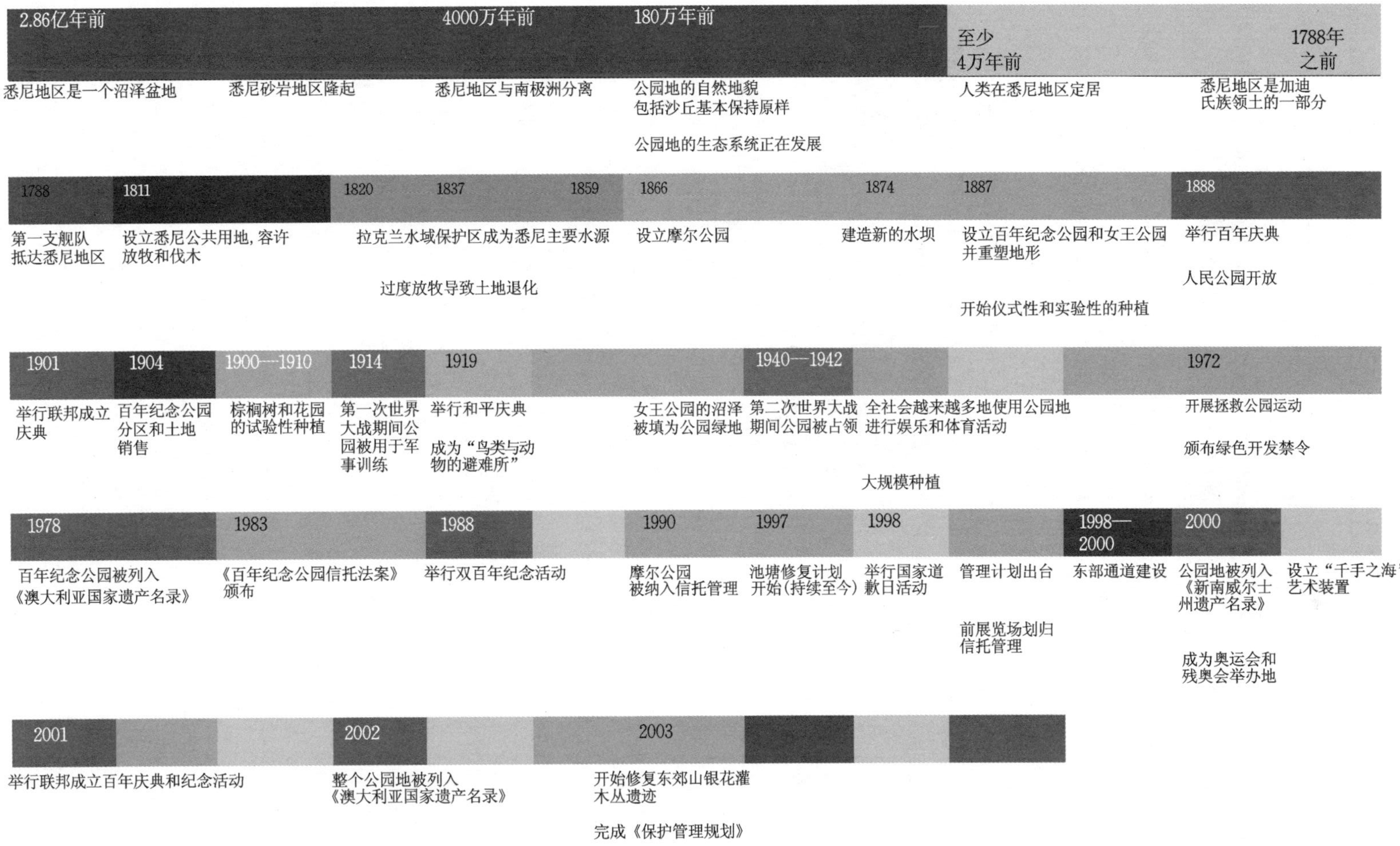

第三章 《实施世界遗产公约操作指南》与澳大利亚景观遗产保护管理

2.86亿年前	悉尼地区是一个沼泽盆地
	悉尼砂岩地区隆起
4000万年前	悉尼地区与南极洲分离
1788年之前	悉尼地区是加迪盖尔氏族领土的一部分
至少4万年前	人类在悉尼地区定居
180万年前	公园地的自然地貌包括砂丘基本保持原样
	公园地的生态系统正在发展
1788	第一支舰队抵达悉尼地区
1811	设立悉尼公共用地,允许放牧和伐木
1820	拉克兰水域保护区成为悉尼主要水源
	过度放牧导致土地退化
1837	
1859	
1866	设立摩尔公园
1874	建造新的水坝
1887	设立百年纪念公园和女王公园并重塑地形
	开始仪式性和实验性的种植
1888	举行百年庆典
	人民公园开放
1900—1910	棕榈树和花园的试验性种植
1901	举行联邦成立百年庆典和纪念活动
1904	百年纪念公园分区用作土地销售
1914	第一次世界大战期间公园被用于军事训练
1919	举行和平庆典
	成为"鸟类与动物的避难所"
1940—1942	女王公园的沼泽地被填为公园绿地
	第二次世界大战期间公园被占领进行娱乐和体育活动
	大规模种植
1972	开展拯救公园运动
	颁布绿色开发禁令
1978	百年纪念公园被列入《澳大利亚国家遗产名录》
1983	《百年纪念公园信托法案》颁布
1988	举行双百年纪念活动
1990	摩尔公园被纳入信托管理
1997	池塘修复计划开始(持续至今)
1998	举行国家疏忽日活动
1998—2000	东部通道建设
	管理计划出台
	前展览场划归信托管理
	成为奥运会和残奥会举办地
2000	公园地被列入《新南威尔士州遗产名录》
	设立"千手之海"艺术装置
2001	举行联邦成立百年庆典和纪念活动
2002	整个公园地被列入《澳大利亚国家遗产名录》
2003	开始修复东郊山银花灌木丛遗迹
	完成《保护管理规划》

图3.16 百年纪念公园地年表[①]

[①] 图3.16来源:百年纪念公园地官网《保护管理规划》(*Conservation Management Plan*), https://www.centennialparklands.com.au/about-us/planning/conservation-management-plan, 有修改。

表 3.2 百年纪念公园地历史主题

澳大利亚主题	新西兰州主题	地方主题	百年纪念公园地主题示例
追溯澳大利亚的自然环境演变	环境：自然演变	—	地质：残留的砂岩/沙山
			地形：砂岩台地遗迹、改造的湿地和水体，反映了欧洲人定居之前当地的原始地形
			水文：沼泽遗存继续构成集水区源头；公园地湿地为本地水鸟提供了栖息地；水的自然净化过程对于当地和区域生态非常重要；公园地池塘形成了悉尼最大的淡水湿地系统
			土壤：公园地保留了该地区自然地貌的土壤遗迹，一些土壤非常罕见，土壤变化揭示了与非土著文化景观相关的占用、管理和开发阶段
			生物多样性：公园地内有濒临灭绝的本土灌丛生态群落，受到州和联邦法律的保护，以及150多种本土鸟类、鱼类等动物
澳大利亚的人民	土著文化	—	公园地包含许多种被土著人用作资源的动植物
			公园地包含殖民化之前土著人与自然互动创造的文化景观
			公园地沼泽的淡水吸引土著人露营，采集食物和资源
			公园地有土著人在殖民前使用和占领的考古遗址证据
			公园地是土著家庭露营和采集食物的聚会场所
			公园地与土著人的足迹和路径有关
			公园地反映了土著社区的历史和社区成员近期的就业情况
			民族和解运动与公园地的持续联系
			在公园地及其周边的考古遗址中可以找到与该地区有联系的非土著人的证据
	囚犯	—	巴斯比矿井建设与囚犯劳工的联系
			由于公园地是悉尼公共用地，俘虏劳工参与了公园地的采石和伐木工作

表3.2（续）

澳大利亚主题	新西兰州主题	地方主题	百年纪念公园地主题示例
发展国家、区域和当地经济	环境：文化景观	—	公园地与查尔斯·摩尔和悉尼皇家植物园工作人员建造百年纪念公园有关
			公园地水体中自然岛屿的形成过程对湿地系统管理有特殊科学意义，并为动物提供了栖息地
			公园地内自然和设计的景观和远景，在视觉上与1770年库克登陆的植物湾相连，对于说明整个集水区的联系具有重要性
	勘探	—	公园地内和周围的一些现有道路体现了早期为维持殖民地而对耕地和水源的勘查
	健康	—	公园地长期以来一直是周边城区的"绿肺"
	科学	—	公园地一直是实验性种植园
	交通	人员和货物运输	公园地的道路发展反映了该地区的发展和交通变化
			收费站反映了早期政府管理和财政收入来源的历史，它是罕见的两层收费站
建设定居点	城镇、郊区和村庄	创建、规划和管理城市功能	与联邦时期房屋设计标准和风格的一致性，造就了一个极具审美重要性的住宅区
	土地使用权	确定所有权和土地占有形	公园地的围栏和大门是构成公园地19世纪特色的重要元素
			现在位于击球区的界石是理查德·伯克任总督时期城市边界标志的罕见例证
	公用设施	提供服务	公园地的水源保护区继续发挥着悉尼淡水供应作用
			公园地的三座水库共同见证了在悉尼东郊采用不同方法建造水库的历史
		提供服务：钻井	公园地内的巴斯比水井是一项独特的工程成就
		结构	砂岩桥梁、水坝和涵洞反映了公园地水系的管理情况
		便利设施	公园地内的饮水机与一些重要事件、人物和附属团体有着历史联系，喷泉还具有美学价值
	住宿	提供住宿	公园地内现存的两座住宅是政府官员住宅建筑的代表
			展馆与联邦及百年庆典有历史渊源，庇护所亭与新南威尔士州政府建筑师有关，一个多世纪以来是公园地内主要的正式聚会场所

表3.2（续）

澳大利亚主题	新西兰州主题	地方主题	百年纪念公园地主题示例
工作	劳工	工作实践相关活动	公园地与八小时工作制创立有关
教育	教育	—	公园地在历史学、生态学、地质学、水文学等学科方面发挥着重要的教育和研究作用
管理	保卫	军事防御	公园地与军队（包括原住民士兵）的存在有着历史渊源
		军事训练	公园地内的军用步枪靶场具有历史重要性
		世界大战	两次世界大战期间，国防军占领了公园地
	政府与行政管理	行政管理	1811年至今，许多政府管理者对公园地管理具有重要的历史意义
		社区参与	包括悉尼土著在内的社区参与对公园地的发展至关重要
	福利	—	为帮助建设和维护公园地提供的福利救济工作具有重要历史意义
发展澳大利亚的文化生活	创新努力	音乐	一个多世纪以来，公园地是各种精彩音乐表演的首选场所
		视觉和行为艺术	公园地定期举办艺术活动，以表彰澳大利亚艺术家对国家当代文化的重大贡献
		社区节庆	公园地内和周围的社区节日为悉尼多元文化提供了相互庆祝和与公众分享的机会
		建筑设计	公园地内有许多具有代表性的精美建筑
		景观设计	景观设计是一个持续为公园地重要性作出贡献的领域
		城市设计	几个住宅区通过使用公约进行城市设计和规划，马丁路和朗路保护区具有国家遗产重要性
		艺术品	公园地拥有多位艺术家创作的绘画作品
		雕塑	公园地有青铜雕塑"我们赢了"和砂岩柱
		文学	公园地曾被诺贝尔文学奖获得者用作小说背景
		电影	电影记录了公园地
标记生命阶段	纪念活动	特别事件	公园地是《帝国联邦法》的签署地
		纪念碑	公园地中有联邦纪念石及有关政治家的纪念碑

注：根据百年纪念公园地官网《保护管理规划》（Conservation Management Plan）整理。

百年纪念公园地的构成部分之一——百年纪念公园的历史主题如表 3.3 所示。

表 3.3　百年纪念公园历史主题

澳大利亚主题	新西兰州主题	百年纪念公园主题示例
追溯澳大利亚的自然环境演变	追溯澳大利亚植物和动物的起源	公园是悉尼丛林和灌木丛保留地
		公园是鸟类和野生动物保护区
发展国家、区域和当地经济	改变环境	19 世纪 80 年代的公园建设
		持续进行公园的种植和景观美化工作
建设定居点	城市居住区规划	公园规划设计
	提供城市服务：供水	早期利用沼泽地给悉尼供水
		持续利用池塘系统进行灌溉
工作	解决失业问题	19 世纪 90 年代和 20 世纪 30 年代使用失业劳工建设公园
	保卫澳大利亚	公园的军事利用
管理	澳大利亚联邦	公园是 1901 年联邦成立庆典的举办地
	建立区域和地方认同感	公园是纪念白人发现澳大利亚并在此定居一百周年庆典活动的举办地

注：根据百年纪念公园地官网《保护管理规划》(Conservation Management Plan) 整理。

三、公园地的重要性声明

根据相关澳大利亚遗产文件，公园地具有三类"遗产重要性"，具体如下。

（1）自然重要性：指生态系统、生物多样性和地质多样性的重要性，或在科学价值、社会价值、美学价值和生命支持价值方面对当代人或后代人的重要性。

（2）原住民重要性：指原住民文化遗产，包括展示原住民居住证据的遗址，以及依据原住民文化或习俗具有当代重要性或精神重要性的原住民场所。原住民遗产与澳大利亚的非原住民遗产相互交织，甚至在通常被视为"欧洲"的地方也能找到原住民遗产的证据。

（3）文化重要性：包括对过去、现在或未来世代而言，在社会、精神、美学、历史和科学等方面所具备的价值。场所的文化重要性体现在其物质形态或结构、环境和相关文件中的内容、用途，或人们对该场所的记忆和联想中。历史文化重要性可能是复杂的、多样的，有时甚至是相互冲突的，这是不同社区和文化相互作用的结果。

百年纪念公园地重要性声明

　　百年纪念公园地是一个独特的地方，具有非凡的国家、州/领地和地方遗产重要性。它是一个规模宏大的、连续的开放空间，主要采用19世纪的景观设计，旨在促进社交活动与体育运动的开展。

　　公园地位于植物湾集水区的源头，该地区原本是加迪人领地的一部分，后于1811年被划定为悉尼公共用地。公园地保留了原始地貌的痕迹，并在维持自然生态过程和生物多样性方面发挥了重要作用，其规模在城市环境中实属罕见。

　　作为国家开国大典的举办地、人民公园的创立之所，以及众多国家重要事件、人物和纪念碑的所在地，公园地具有深远的国家意义。

　　这里还与囚犯遗产、道路和交通路线、供水、园艺和农业试验、自然保护、军事用途以及丰富多彩的体育、娱乐和文化活动密切相关。

四、公园地的管理规划

　　公园地规划体系如图3.17所示。其中，《百年纪念公园地管理规划》（*Centennial Parklands Plan of Management*，以下简称《管理规划》）是依据1983年的《百年纪念公园和摩尔公园信托法》（*Centennial Park & Moore Park Trust Act*）及其2012年修正案制定的一份法定文件。它是保护公园地完整性、文化遗产和自然遗产的总体战略规划，结合《植物园和百年纪念公园地五年战略规划》（*Botanical Gardens & Centennial Parklands 5yr Strategic Plans*），为一系列更详细的其他后续规划和政策提供指导。《管理规划》包含的后续规划有《保护管理规划》（*Conservation Management Plan*，CMP）、《环境政策和管理体系》（*Environment Policy and Management System*）、《树木管理规划》（*Tree Management Plan*）、《交通出入及停车规划》（*Traffic Access & Parking Plan*），以及构成公园地的三个公园的《总体规划》（*Master Plan*）。公园地信托基金于1990年通过了《摩尔公园管理规划》，1998年和2006年又通过了涵盖所有三个公园的更全面的《管理规划》，2018年更新为现行的《百年纪念公园地管理规划》，期限10年。

　　《保护管理规划》（CMP）作为检验其他后续规划、战略和政策的过滤器（图3.18），用于确保在规划阶段以及规划和服务实施过程中能够适当考虑各层次的遗产。在规划其他战略和工作时，CMP是确定百年纪念公园地各层次遗产重要性的关键工具，为所有遗产保护管理项目和服务提供指导。CMP与公园地的资产管理体系、战略以及数字地图系统相连，公园地的工作人员能够快速获取有关公园地内特定地点的遗产重要性信息和识别已制定的保护措施。

　　CMP是根据《巴拉宪章》《澳大利亚自然遗产宪章》和新南威尔士州遗产处制定的各种指南，在征求社区意见和建议的基础上制定的。CMP的保护目标包括：保留、恢复和复原公园地的重要遗产特征；保护公园地在功能关系、空间、景观和格局等方面的重要性；记录所有受到变化影响的重要性的要素；通过适当地阐释、展示和教育，提高人们对公园地遗产重要性的认识；履行《百年纪念公园和摩尔公园信托法》《新南威尔士州遗产法》的目标，遵循《澳大利亚自然遗产宪章》和《巴拉宪章》的原则；在保护和使用中，考虑整体和个体元素的相关重要性；在保留其遗产重要性的同时，允许公园地的持续使用、改变、发展和维护；努力实现公园地生态、社会和经济的可持续性；遵守立法的要求。

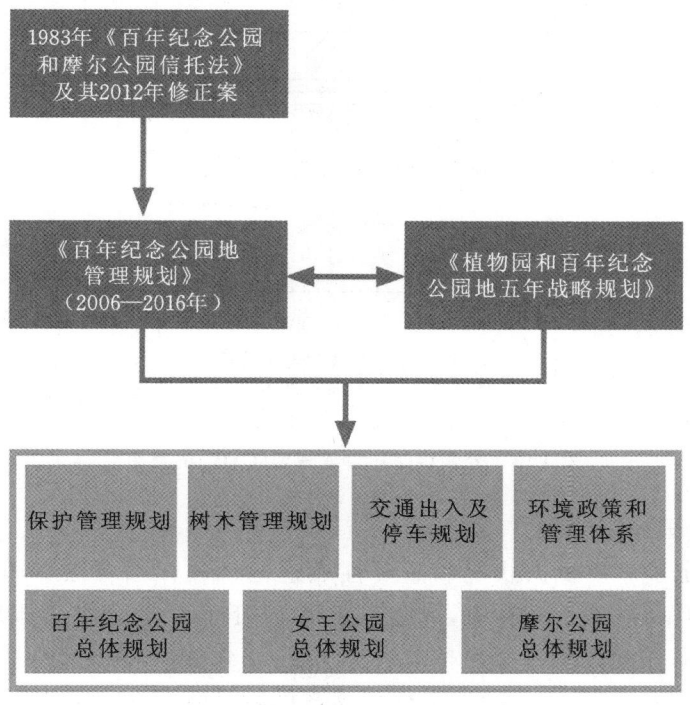

图 3.17　公园地规划体系①

CMP 在区域和历史背景下描述了百年纪念公园地，并强调了公园地遗产属性的多样性和重要性。它以历史主题为基础，对公园地的重要性进行了评估分级，并将其与北美和欧洲的公园进行比较分析，例如，开展了百年纪念公园与纽约中央公园的比较研究。CMP 还为协同保护和管理这些重要性以及整体保护和管理公园地的多样遗产提供了政策和实际指导，包括制定动植物管理规划，提供适宜的环境规划工具以保障公园地的环境和可视范围获得保护，加强规划控制以保护公园地的环境和背景，以及指出有必要对某些区域开展进一步的研究和监测等。

CMP 的重要政策包括：与公园地土地的传统监护人和解，并认识到他们的重要性，促进发展与原住民的伙伴关系，认可他们在代表权、培训、就业和职业发展方面的

---

① 图 3.17 来源：译自 Centennial Parklands Conservation Management Plan，https://www-centennialparklands-com-au.translate.goog/about-us/planning/plan-of-management?_x_tr_sl=en&_x_tr_tl=zh-CN&_x_tr_hl=zh-CN&_x_tr_pto=sc）（2018）。

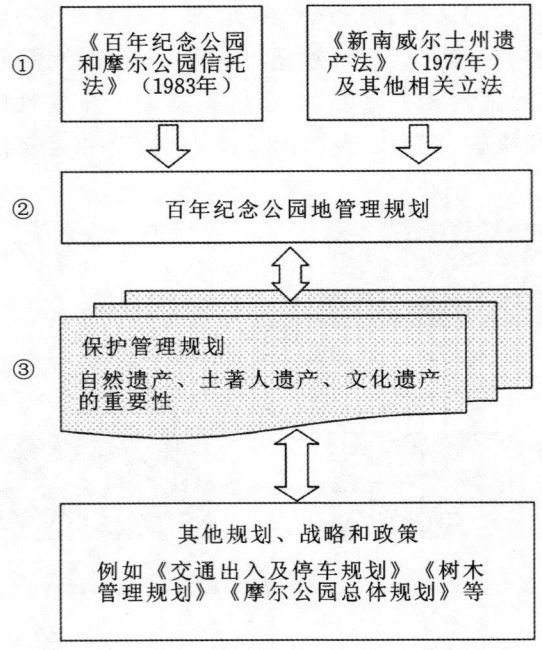

图 3.18　公园地保护管理规划（CMP）的角色①

期望，作为"关爱国家"计划的一部分。

CMP还确定了需要根据状况和重要性改进记录和存档方法，制定战略以加强公园地遗产属性的阐释、展示和交流，以及需要将CMP信息整合进公园地的资产管理和地理信息系统中，并制定了一个完整的维护、保护工作时间表和优先事项清单。

此外，CMP包含了改进公园地多样化遗产影响评估程序的措施，这些程序包括考虑累积影响和后代的利益。作为评估程序的环节，CMP建议成立顾问组，就遗产和原住民事务为公园地提供建议。向社区和有关部门咨询是审批的必要程序。

CMP制定的公园地保护和发展方式包括以下方面。

（1）实施可持续用水。节水措施包括安装无水小便器、高效冲洗和定时水流水龙头，对设施进行升级，将水槽和屋顶的水过滤后循环用于池塘灌溉系统；公园地餐厅翻新时安装地下水箱收集屋顶雨水，用于冲洗餐厅的厕所和毗邻的公共厕所。

（2）推广志愿服务。CMP将志愿服务作为公园地的重要生命源泉。志愿者计划在帮助公园地为整个社区创造环境和社会效益方面发挥了重要作用。志愿者与第三方组织开展了一系列合作项目，如澳大利亚保育志愿服务、鸟类协会、方舟星球、国家运动钓鱼协会、澳大利亚清洁日、绿色之友、悉尼野生动物协会等。志愿者为公园地提供了宝贵的社区教育资源。

（3）进行树木总体规划。

---

① 图3.18来源：译自 *Centennial Parklands Conservation Management Plan*。

4

太平洋岛屿文化景观主题研究

图 4.1　太平洋岛屿文化景观①

ICOMOS 主题研究的目的是通过总结与特定主题相关的现有证据(尚未开展研究或调查工作的),为可能的世界遗产提名提供支持,突出各地区对《世界遗产名录》的潜在贡献。主题研究的目的不是确定某个遗产的突出普遍价值,而是为帮助缔约国确定潜在遗产和进行比较评估提供材料,以说明如何确认遗产的价值及其符合的世界遗产标准。史密斯(A. Smith)和琼斯(K. L. Jones)在 2007 年进行的太平洋岛屿文化景观主题研究(图 4.1),就是在提供比较材料和支持其选择申报文化遗产的背景下开展的第一项太平洋岛屿文化遗产区域研究。这项研究根据现有信息全面审视了太平洋岛屿文化景观,标志着人们认识到太平洋岛屿的文化遗产场所及其具有的区域和国际重要性,以及在国家和地方层面制定遗产保护政策和计划的必要性。

第一节　太平洋岛屿——一个地理文化区域

一、环境和次区域

在这项研究中,"太平洋岛屿地区"被定义为西南太平洋与东太平洋的岛屿国家和领土,其范围西起巴布亚新几内亚,东至复活节岛②,北起夏威夷和遥远的密克罗尼西亚小岛,南至新西兰的亚南极岛屿,即波利尼西亚殖民地最南端的区域。这一定义涵盖了通常被称为太平洋岛国的国家。研究区域的边界既基于政治和地理因素,也融入了文化考量。值得注意的是,澳大利亚虽然被公认为太平洋岛国,但并未被纳入研究范畴,原因在于澳大利亚的土著居民主要过着狩猎采集生活,这与太平洋岛国以村落为主的定居或半定居社区文化存在显著差异。

太平洋数千个岛屿的陆地面积加起来不到 130 万平方千米,其中约 85% 位于新几内亚、新西兰和夏威夷等大陆岛屿上。太平洋岛屿的地质、地形、生态和降雨量各不相同。一般来说,从东南亚岛向东行,岛屿的面积通常较小,岛屿之间的距离较远,岛屿的生物群落也越来越贫乏。虽然在人类定居之前,大洋洲的原始岛屿覆盖着茂密的植被,是大量鸟类和某些爬行动物的栖息地,也是海龟的筑巢地,为最初来到岛上的定居者提供了

---

①　图 4.1 来源:https://openarchive.icomos.org//id/eprint/2654/1/cultural-landscapes-pacific.pdf。
②　复活节岛因西方探险家于复活节这一天发现并登上该岛而得名。它位于南太平洋东部,现在属于智利的领土,但岛上的居民仍保留着他们的传统文化和语言。原住民称该岛为 Rapa Nui(拉帕努伊)。

丰富的食物,但岛屿的生物多样性,尤其是偏远大洋洲小岛屿的生物多样性极低。太平洋岛屿文化景观的多样性与该地区的地质及其塑造的大洋洲地貌密切相关。

新几内亚大陆岛的地理环境多样,有些地方极为崎岖。山脉横贯全岛,形成一个人口众多的高原地区。该地区由一长串肥沃的山谷组成,每个山谷都被雄伟的山脉分隔开来,其中最高的是海拔约5000米的威廉山。包括沿北部低地流淌的塞皮克河在内的几条大河都发源于高地的山谷。茂密的雨林覆盖了大部分的低地和一些沿海地区。从马里亚纳群岛向北,紧邻新几内亚北部,沿新不列颠岛、布干维尔岛和所罗门群岛的北海岸,向南至汤加和新西兰,地壳的大陆板块与太平洋板块相撞,形成一个火山活动频繁的俯冲带,这是环绕太平洋盆地的"环太平洋火山带"的一部分。世界上90%的地震都发生在环太平洋地震带上。因此,除了新喀里多尼亚之外,美拉尼西亚群岛的每个岛上都有活火山。

与太平洋盆地周围的俯冲带和深海海沟平行的是"安山岩线",这是太平洋盆地区域最重要的地质特征。它将太平洋盆地中部的玄武质火山岩与其边缘部分淹没的安山质火山岩大陆地区分开。在安山岩线的封闭环路内,有大部分被淹没的火山山脉和海洋火山岛,它们是大洋洲的地貌特征。这些地貌通常有以下三种形式。

(1) 高岛(图4.2)。火山山顶有一片狭长的平原,这片平原沿着海岸延伸,其周围是环礁,环礁外有一个浅潟湖,潟湖后面是陡峭的山坡,一直延伸到高岛岛屿(如法属波利尼西亚的拉帕岛)的中心,或者延伸到岛屿(如萨摩亚的乌波卢岛和萨瓦伊岛)中央的高地。

图 4.2 高岛①

(2) 环礁(图4.3)。环礁是在被淹没的前火山边缘形成的一串低洼小岛。环礁的形状反映了大堡礁的原始形状。环礁的中心是环礁湖,其面积大小各异,如世界上最

---

① 图 4.2 来源:https://www.worthitplaces.org/s/nz。

大的环礁岛夸贾林岛(Kwajalein),其环礁湖面积达 2174 平方千米,但整个环礁的陆地面积总和仅为 16.4 平方千米。

图 4.3　环礁

(3) 马卡泰阿岛(makatea)(图 4.4)或凸起的珊瑚石灰岩岛屿。在这些岛屿上,由于构造活动,曾经被淹没的火山慢慢隆起,并在其上形成了珊瑚礁。这些岛屿往往被陡峭的石灰岩悬崖包围,悬崖上有许多洞穴,如库克群岛的曼加伊亚岛。

图 4.4　马卡泰阿岛(Helen Armstrong/提供)

各岛屿不同的地质条件造就了岛上的各种地貌、土壤和植被类型,每种类型都有自己的特点,阻碍或促进了各种形式的园艺和其他资源开发。除自然资源外,这些不同类型的岛屿可获得的淡水以及适合园艺和居住的土地面积也有明显差异。环礁没有永久性的地下水,而高岛的山谷被淡水河流和溪流深深切割。岛屿上不同的地质、水文和生态系统要求定居岛上的人们调整基本的生存和社会策略。

该地区通常被划分为三个地理文化次区域:波利尼西亚、美拉尼西亚和密克罗尼西亚。早期的欧洲探险家们划分这些区域不仅依据岛屿的地理位置,还依据他们对太平洋岛国居民在文化、解剖学和语言上的差异的认知。[①] 地缘文化的细分在讨论差异时有一定用处,每个次区域,特别是美拉尼西亚和密克罗尼西亚,在文化和社会实践方面存在丰富的多样性。但从过去到现在,太平洋岛次区域及各民族的许多特点,包括语言、社会结构、园艺和渔业以及殖民历史等都跨越了这些区域的分界线。

二、定居和岛屿社会的发展

在太平洋岛屿上定居是人类历史上的一个独特篇章。大洋洲是世界上人类定居的最后一个大区域,太平洋岛屿民族的祖先凭借非凡的航海技能才能实现在大洋洲定居。太平洋岛屿的定居故事是了解该地区文化景观的核心。对海洋和航海技术的精深了解,再加上高度适应性的资源利用战略,使人们得以在该地区定居,遗产在整个地区的岛屿和海洋的各种模式关系中显而易见。

目前的证据表明,人类在美拉尼西亚和波利尼西亚定居经历了三个不同的阶段。第一个阶段是更新世晚期。至少在 4 万年前,人类就从东南亚岛屿迁徙到了澳大利亚和新几内亚。在接下来的几千年里,人类逐渐占领了从塔斯马尼亚到所罗门群岛之间几乎所有类型的环境。在太平洋岛屿定居的最早阶段(距今 11 700 年),人类在新几内亚、俾斯麦群岛和所罗门群岛定居的地区被称为"近大洋洲"(Near Oceania),代表了人类在全新世晚期之前在大洋洲定居的极限范围。近大洋洲以及向西通往东南亚的大陆为该地区的定居者及其后裔提供了一条便捷的"航行走廊",在这条走廊上有可以为不同季节航行提供庇护的条件,加上岛屿之间良好的可视性,人们能够使用简单的水上交通工具(图 4.5)抵达不同岛屿。

所罗门群岛主岛的南端是"近大洋洲"和"远大洋洲"(Remote Oceania)的分界线。这是一条航行和航海的分界线,跨过这条分界线,岛屿之间的距离要远得多,面积也小得多。人们在偏远的大洋洲岛屿定居是经过深思熟虑的,因为随身携带着在新发现的

---

① 波利尼西亚(Polynesia),即波利尼西亚三角洲,其北端为夏威夷,东南端为复活节岛,西南端为新西兰,包括了 18 世纪末欧洲人与波利尼西亚人早期持续接触时使用波利尼西亚语言的大部分岛屿。在美拉尼西亚岛链和密克罗尼西亚的一些近海小岛上,还发现了其他一些讲波利尼西亚语的社区。美拉尼西亚的岛屿一般较大,包括新几内亚大陆岛,从新几内亚以东的俾斯麦群岛向东南延伸的美拉尼西亚岛弧,所罗门群岛岛链,南至瓦努阿图和新喀里多尼亚的大岛格朗德特尔,以及包括洛亚蒂群岛和松树岛在内的较小的近海岛屿。密克罗尼西亚主要位于赤道以北、热带太平洋西北部,共有 2373 个岛屿,其中有一些高岛、混合地质岛、凸起的珊瑚石灰岩岛屿以及数百个沙砾珊瑚岛和低珊瑚环礁。

图 4.5　竹筏上的托雷斯海峡岛民①

岛屿上生存和定居所必需的植物和其他资源。很有可能人们在发现新岛屿之后不久就开始了探索和定居。安全地探索远大洋洲并定居，需要航海技术的发展，其中可能包括使用一种有船舷外支桨或双壳独木舟的技能（图 4.6、图 4.7），以及使人们能够安全航行抵达远大洋洲的导航技能，而这种航海技术直到大约 3500 年前才出现。

图 4.6　带支腿的大洋洲航行独木舟②

图 4.7　汤加帆船独木舟③

---

　　① 图 4.5 来源：Anderson A,2017.Ecological contingency accounts for earliest seagoing in the Western Pacific Ocean[J]. The Journal of Island and Coastal Archaeology,13(2):224-234.
　　② 图 4.6 来源：阿德莱德大学研究与奖学金网站，https://hdl.handle.net/2440/104942，https://digital.library.adelaide.edu.au/dspace/bitstream/2440/104942/23/Tungaru%20Traditions009.jpg。
　　③ 图 4.7 来源：新西兰国家图书馆网站，https://natlib.govt.nz/records/22720560。

向东迁移的第二个阶段被称为远大洋洲的"拉皮塔定居"（Lapita colonization），这一时期以一群制造独特装饰陶瓷（被称为"拉皮塔"）的人们的定居为标志。拉皮塔遗址的年代都在 500 年以内，而拉皮塔人在远大洋洲上定居的遗址的年代可能在 200 年或更短。根据考古证据，拉皮塔人在 2800 年前左右开始在西波利尼西亚定居。

第三个定居阶段涉及东波利尼西亚地区，包括新西兰（原住民毛利人称其为"奥特亚罗瓦"）和太平洋上许多偏远的离岛。大约从 1200 年前开始，人们开始了大规模的探索。在接下来的几个世纪里，波利尼西亚人也向西航行，在美拉尼西亚和密克罗尼西亚的近海岛屿建立了一系列社区（如南马多尔，图 4.8），被称为"波利尼西亚外岛"。

密克罗尼西亚群岛的定居至少在最初阶段与美拉尼西亚和西波利尼西亚截然不同。已确定的定居过程分为四个阶段：第一阶段发生在距今 3500 年前，人们从西部区域（可能是菲律宾）迁移到马里亚纳群岛；第二阶段则始于大约 3000 年前，定居活动从西部的加罗林群岛西部开始扩展，其中帕劳的定居可能发生在这一时期，而雅浦的定居则稍晚，大约在 2000 年前；第三阶段涉及加罗林群岛东部的环礁和马绍尔群岛上的定居，这些定居活动很可能是在大约 2000 年前，由来自美拉尼西亚岛的人们完成的；第四阶段发生在上一个千年内，此时说波利尼西亚语的人们在波利尼西亚外岛定居。

图 4.8　密克罗尼西亚群岛上的南马多尔（Nan Madol 1200—1628）[①]

大约 500 年前，几乎太平洋上每一个岛屿都有人类造访过。自人类首次跨过海障抵达新爱尔兰以来的 3 万多年间，以及自拉皮塔陶瓷制造者首次涉足远大洋洲以来的 2000 多年间，人们在这些岛屿上定居，并在许多地区继续航行，与其他岛屿社会交往；

---

① 图 4.8 来源：（左）ⓒ Osamu Kataoka，世界遗产中心网站，https://whc.unesco.org/en/documents/141512；（右）ⓒ Takuya Nagaoka，世界遗产中心网站，https://whc.unesco.org/en/documents/141513。

人口增加；热带园艺的实践已适应了除最边缘地区以外的所有环境；形成了独特而多样的土地所有制度、聚居模式和建筑。目前几乎没有证据表明这种区域多样性是如何在人类定居之后的几个世纪中发展起来的，但通过太平洋岛屿各地的考古证据、口述历史和家谱可以清楚地看到，欧洲殖民之前的一千年是太平洋岛屿发生巨大社会变革的时期，见证了非常独特的太平洋岛屿社会的发展，以及欧洲人从16世纪开始遇到的传统管理制度。

三、与欧洲的接触、殖民时代和去殖民化

欧洲人与太平洋岛屿社会的接触始于约400年前，即17世纪早期至中期西班牙人在密克罗尼西亚的接触，一直持续到20世纪中期欧洲人首次涉足新几内亚高原的偏远地区。在该地区的一些地方，如所罗门群岛和瓦努阿图，这种接触断断续续持续了很长时间；而在其他地区，特别是社会群岛和夏威夷，在与欧洲人首次接触后的一二十年内，贸易船和捕鲸船就开始定期到访。18世纪末和19世纪初，欧洲人和美国人开发了该地区的自然资源——珍珠贝、檀香木、琥珀、鲸油，到1825年，有25艘英国船只与美国、法国的船只一起在南太平洋捕鲸。在与太平洋岛屿社区接触的早期阶段，开采这些资源并不要求在岛屿上建立大规模的永久定居点，而只需在整个地区建立了一系列小型贸易港口，为船只及其船员提供服务，如斐济的莱武卡（图4.9）、新西兰的科罗拉雷卡（拉塞尔）和新喀里多尼亚的努美阿。这些港口通常位于原住民村落附近，通过与当地原住民头人谈判达成贸易。除西班牙在密克罗尼西亚的殖民地之外，欧洲国家对太平洋群岛的积极殖民和兼并是19世纪中后期才出现的现象。在整个殖民时期，汤加王国保留了原住民主权。19世纪末到20世纪中期，殖民国家参与战争（包括西班牙-美洲内战、两次世界大战），战争的结果导致许多殖民地的殖民统治在某些情况下"易手"了三四次。

图4.9　斐济莱武卡①

虽然该地区各岛屿早期与欧洲接触的性质和受到的影响不相同，欧洲和美洲的殖民模式也不同，但毫无疑问，外来疾病（包括水痘、麻疹、流感和性病）的传入不仅在接触早期，而且在整个19世纪和20世纪初都对太平洋岛屿造成了灾难性的影响。考古

---

① 图4.9来源：斐济海岸与游艇码头网站，https://www.fijimarinas.com/levuka-anchorage-fijis-first-world-heritage-site。

证据表明,在新喀里多尼亚等地曾有过高度密集的耕作制度,这些岛屿上的人口在与欧洲人持续接触前要比接触后多得多。

欧洲和美洲的殖民对太平洋岛屿传统社会、治理和土地所有制度的影响在该地区存在差异。在一些岛屿上,如所罗门群岛的大部分地区、巴布亚新几内亚和瓦努阿图,传统的土地所有权和土地使用方式一直延续到殖民时期,并与殖民种植园经济以及包括采矿和伐木在内的采掘业一起延续至今。斐济群岛的大部分岛屿的传统土地保有权也得以延续。而在新西兰、夏威夷和新喀里多尼亚,大量殖民者的到来破坏了岛上传统的土地所有权。19世纪末,随着欧美列强广泛而迅速地吞并太平洋岛屿领土,他们在这些岛屿上建立了种植园,将大片土地出租给棉花、蔗糖和椰干种植园,并运送劳工到种植园工作。这一做法极大地改变了该地区的土地使用方式,同时也改变了整个地区的文化、社会和政治面貌。

太平洋贸易路线的开辟也为该地区带来了基督教传教士。早在沃利斯发现塔希提岛30年后的1796年,伦敦传教会就派出了第一批传教士登陆该岛。传教士对太平洋岛屿文化产生了深远影响,许多地区的人们迅速接受了基督教。教堂、传教学堂以及相关建筑的建造永久地改变了波利尼西亚和美拉尼西亚大部分地区的文化景观(图4.10~图4.12)。

图 4.10　圣克鲁斯教会学校与威尔逊主教[①]

1962年,前新西兰领土西萨摩亚成为第一个获得独立的波利尼西亚国家。随后,斐济和所罗门群岛分别于1970年和1978年结束了英国的殖民统治。澳大利亚领土巴布亚新几内亚于1975年独立。图瓦卢和基里巴斯分别于1978年和1979年成为主权

---

① 图4.10来源:https://anglicanhistory.org/oceania/oferrall_santacruz1908。

图 4.11　帕劳的旧宣教教堂①

图 4.12　拉罗汤加岛上的伦敦宣教教会②

国家。第二次世界大战结束后,美国军队占领了战前日本在密克罗尼西亚的领土,并在"冷战"时期在马绍尔群岛北部偏远的小环礁上进行核武器试验,其中最著名的是比

---

① 图 4.11 来源:太平洋托管领土档案馆,https://www.pacificworlds.com/palau/visitors/mission.cfm。
② 图 4.12 来源:库克群岛基督教会网站,https://www.cicc.net.ck/index.php/cicc-churches/3-ekalesia-avarua。

基尼环礁核试验。1986年至1993年间，美国在密克罗尼西亚的领土——帕劳、密克罗尼西亚联邦和马绍尔群岛获得了政治独立。一些环礁、岛屿和岛群仍然是美国、法国、英国、澳大利亚的外部领土。

总体而言，在独立的太平洋岛屿国家中，约90%的土地仍为原住民群体所有和管理，这个比例在世界任何地理文化区域中都是最高的。这意味着，尽管在殖民化时期建立了西式民主政府，但在许多地区，传统的权力体系仍然继续发挥着作用。

四、"运输景观"

几乎所有的太平洋岛屿都是有机演化的文化景观和（或）关联性文化景观，很少有远大洋洲的岛屿环境可以说是完全"自然的"——类似于人类定居之前的环境。除新西兰外，远大洋洲只有少数人类定居的岛屿拥有原生动植物物种多样性相对完整的陆地。那些特有植物和陆生动物继续繁衍生息的岛屿位于人类定居的边缘地带。无论过去还是现在，太平洋小岛的环境都很脆弱，人类的到来很容易对其造成破坏。已有大量证据表明，在人类最初定居远大洋洲之后，整个区域内的鸟类物种，特别是地栖物种和其他陆生动物相继灭绝或消失。随后，人类对景观进行了改造，包括砍伐森林以建造花园、修建永久性建筑、控制淡水资源，这些活动进而导致了水土流失、土壤肥力下降以及生物多样性的丧失。此外，动植物物种的引入也是人类活动的一部分。因此，太平洋岛屿的大多数景观基本上都是"人为"的，是通过人类活动直接或间接创造的。太平洋地区主要的标志性植物，如椰子、香蕉、芋头、山药、木薯、面包果和红薯，以及猪、狗和鸡等动物，都是人类引进的。它们于不同时期和不同地点在太平洋岛屿社会的传统经济中发挥了核心作用。

关于各种动植物物种首次被引入太平洋岛屿的时间仍有争议，但目前的证据表明，这些物种的引入都早于欧洲人接触该地区，除了甘薯外，许多物种都是最初为了定居引入岛上的生存资源。为了在偏僻的小岛上获得食物，人们不仅引进了这些动植物，还引进了种植、养殖它们的方法和技术，因此人们用"运输景观"来描述太平洋岛屿的传统景观。当人们向大洋中的岛屿迁移时，他们携带着生存的基本物资，帮助他们适应可能遇到的各种岛屿环境。这种战略不仅涉及运输养殖的和驯养的动物，还包括农业实践和支撑农业实践的社会体系、出色的航海技术，以及捕捞鱼和贝类的知识，这些作为一个整体，最大限度地增加了人们在日益偏远的岛屿上生存的机会。在偏远的大洋洲，人工制品、动物和植物的遗骸清楚地表明了人们在定居岛屿的过程中，通过运输资源，在以前无人居住的岛屿上生存下来，同时开垦土地，建立园地，实质上是给岛屿的原生态环境人为加上了一种"运输景观"。

太平洋岛屿地区，特别是远大洋洲的传统景观既反映了该地区独特的地理环境，也反映了人类及其思想和技能从东南亚岛屿到美拉尼西亚，再到大洋洲世界的迁移过程。因此，"运输景观"为确定太平洋文化景观的共同特征和太平洋各民族之间的相互联系提供了一个起点。这些"运输景观"是太平洋岛屿有机演变、延续至今的文化景观的精髓。

第二节　太平洋岛屿有机演进的文化景观

一、园艺实践系统——延续的文化景观

太平洋岛屿的大多数社区仍在继续着将园艺作为生计基础的经济模式。园艺实践与自然地貌相结合,形成了该地区延续的文化景观。即使在那些传统园艺不再是主要食物来源的地方,也有大量反映与欧洲接触前园艺和农业活动的遗迹。这些园艺系统及其呈现的风景在太平洋地区几乎是独一无二的。虽然太平洋岛屿上主要的栽培植物是从其他地方引进的,包括可食用的块茎、坚果、水果、药用植物,以及用于建筑、编篮和制衣的植物等,但一旦它们被引入岛上,人们便根据海洋环境的特殊性调整并发展了园艺实践。随着人们从东南亚岛屿向东航行和定居,他们第一次遇到环礁、高岛和隆起的珊瑚岛等各种大洋洲环境,每种环境都需要对基本园艺要素进行不同程度的调整,由此形成了整个地区园艺景观的多样性。这些适应模式是人们成功探索和定居大洋洲的太平洋故事中不可分割的一部分。

轮耕园地被认为是太平洋岛屿最原始的园艺形式,这种园艺体系大约在 3000 年前传入偏远的大洋洲岛屿。位于巴布亚新几内亚高原上瓦吉山谷的库克沼泽考古遗址(图 4.13),提供了太平洋地区最早的园艺或农业活动的证据。自上一个冰川期结束后,到 9000 年前,气候已得到改善,促使早期的园艺活动从低海拔地区向高地发展。

尽管在与欧洲人接触后,太平洋岛屿的居民在园地和传统园艺实践中很容易采用了许多其他的栽培品种,但东南亚的芋头仍然是大多数太平洋岛屿食物生产体系的支柱,也是当今太平洋地区大多数传统园艺的基础。芋头亲水,其自然生长地是溪流附近的潮湿地区或开阔的沼泽地。在太平洋岛屿上那些缺乏此类自然生境的地方,种植芋头就需要构建水利系统,在通过灌溉技术营造的潮湿池田环境中种植。灌溉基础设施通常包括引水坝、引水渠和使用

图 4.13　巴布亚新几内亚上瓦吉山谷的库克沼泽考古遗址①

---

①　图 4.13 来源:ⓒ Jack Golson,世界遗产中心网站,https://whc.unesco.org/en/documents/203844。

原木或石料构筑的梯田。在世界其他地区，建造梯田可能是为了防止土壤侵蚀或只是为了提供平整的种植面，但太平洋地区建造芋头灌溉梯田的目的则是控制水流，始终让水缓慢地流过园地而不滞留。这种设计可以调节芋头园地的温度，冷却芋头茎秆，有助于预防球茎腐烂，土层也因不断得到流水输送的养分滋养而肥沃湿润。整个大洋洲都有这种设计的地形，从简单到精致的都有（图 4.14）。

图 4.14　灌溉芋头花园[①]

环礁上的淡水供应极为有限，且土壤里的石灰质含量极高，因此不适合采用烧垦法或开辟池田来种植芋头。但降雨产生的淡水会渗入石灰质土壤，并在环礁岛下方的一个小透镜中积聚。人们利用这个透镜，种植耐盐度相对高的芋头，在小岛中心挖芋头坑，添加有机物覆盖层，保持土壤肥力。

与芋头不同，山药是适应干旱与暴雨交替气候的热带植物，在雨季生长，在旱季休眠。山药是藤本植物，通常长在木桩上，忌潮湿，种植时需要简单的排水系统，如小土丘。芋头和山药所需的不同生境和特性被太平洋岛民称为湿润与干燥、灌溉与干旱的二分法。

越来越多的证据表明，在欧洲人接触该地区之前，甘薯就已经直接从美洲传入太

[①]　图 4.14 来源：夏威夷杂志网站，https://www.hawaiimagazine.com/why-limahuli-garden-and-preserve-is-a-must-visit-for-more-than-just-plant-lovers。

平洋地区,并迅速成为高地的主要粮食作物。甘薯之所以能在这些地区广泛种植,是因为它对气候和海拔具有较强的适应性,并且可以用作猪饲料。甘薯通常被种植在坡地、土丘或设有排水沟的田地里,还可以利用休耕期或采取轮作方式种植富氮作物,以保持肥力。在海拔高的地区,严重霜冻会使作物减产或绝收,因此,这里的村庄要与低海拔地区的村庄保持社会联系,以便在发生严重霜冻时人们可以从高处迁移到低处,直到霜冻结束再返回高处重新种植作物。这样的交换制度仍在延续,并形成了独特的高地文化景观模式。

轮耕或烧垦是大洋洲最普遍的耕作制度,反映了不同的社会模式。沼泽地可能由单个家庭使用,也可能是整个村庄参与耕种的大型公共园地。沼泽地中还种植了大量次要作物,如香蕉、甘蔗、菠萝、姜黄等,布局看似杂乱无章和随意,但植物的选择、它们在园地中的位置以及各种植物品种内部和品种之间的空间关系都有潜在的秩序,这是太平洋岛屿社会杰出的园艺实践传统知识。随着时间推移,一些岛屿上的水利灌溉系统和旱田耕作技术不断发展,园艺实践也因此变得更加复杂和劳动密集化。

二、树木栽培

栽培多年生乔木一直都是太平洋岛屿粮食生产的重要组成部分,整个地区的村庄、花园和森林中生长着众多品种的树木。其中许多树种是由最早定居该地区的人们引进的,包括重要的食用树种,如面包果树(图 4.15)、塔希提栗树,以及具有多种用途的树种,如露兜树,它既是建筑材料,也是食物来源。

图 4.15　面包果树[①]

---

① 图 4.15 来源:植物工厂网站,https://plantwerkz.blogspot.com/2012/09/breadfruit-artocarpus-altilis.html。

在新大洋洲（新几内亚和所罗门群岛）有大量证据表明，晚更新世和全新世早期，这些树种中的一些已经在太平洋地区各岛屿间迁移。高热量、高脂肪、高蛋白的重要耐储存食物——蜡烛果于公元前 14 000 万年在新几内亚出现，公元前 12 000 万年在金钟群岛出现。同样是重要食物来源的露兜树公元前约 12 000 年在新几内亚出现。椰子树和面包果树在整个太平洋地区都有栽培，东波利尼西亚的马克萨斯群岛（Marquesas Islands）也有大量栽培。在与欧洲接触前的时期，通过发酵面包果和在大型地下筒仓中储存面包果酱养活了大量人口。

三、土地使用权和定居模式

独特的定居模式也是太平洋岛屿文化景观的特点，定居模式是社会景观的核心，它们以显而易见和意想不到的方式反映了人与环境之间的互动。

太平洋岛屿地区仍有很大比例的土地属于传统所有权管辖。土地所有制度与传统的治理制度和社会结构密切相关，又反映在景观的组织方式上。该地区的土地所有权和治理制度，从文化遗产的角度来看是许多太平洋岛屿文化及传统知识、习俗和语言不可分割的组成部分；就物质遗产而言，在文化景观中形成的各种特征——建筑、栅栏、道路、花园、墓地的格局，是阐释该地区有机演进的文化景观必须考虑的因素。

提科比亚岛（the island of Tikopia）景观的所有特征或元素都有命名，土地按姓氏划分为若干区，每个区都有一位或多位阿里基（Ariki，即氏族首领或领袖）。提科比亚人的居住点密集地分布在西北部和南部海岸的沿海沙丘上，这些居住点位于陆地和海洋的交界处，交通便利，反映出提科比亚岛的陆海双重经济定位。居住点按照世系和氏族的社会结构组织，每个居住点都有若干命名的区域，包括住宅、伙房和独木舟棚。各种房屋松散地组合成村落。提科比亚岛展示了传统治理制度，土地所有权制度，以家庭、部族或村庄为核心经济单位的社会结构，以及这些社会结构与太平洋小岛自然景观之间的相互关系。

在太平洋岛屿地区与欧洲接触以前和在欧洲殖民统治下，这些制度都发生了巨大变化。目前，太平洋地区不同程度地保留着一种双重制度，即以社区为主导的传统制度和以个人为主导的西方制度并存。原住民的土地所有权制度仍存在于整个地区，并且非常多样化，反映了太平洋岛屿文化和社会对大洋环境、欧洲殖民化等各种影响的回应。考古证据记录了一些岛屿上的居住点的数量、位置、规模和布局在发生巨大变化时留下的景观痕迹。当第一批人类到达一个岛屿时，岛屿上茂密的植被会限制人们在远离海岸的地方定居。在汤加，人们直到 1500 年前或更近的时期才逐渐从海岸向岛屿内陆迁移。长久定居后，太平洋地区逐渐形成独特的土地所有制度和社会制度，直接或间接地为如美拉尼西亚等较大岛屿上的家庭提供了获取岛上各种生态系统中不同资源的机会。特别是在远大洋洲的岛屿和近大洋洲的较小岛屿上，自然资源的分布模式反映在土地所有单位的社会景观中，这样的景观在波利尼西亚的高岛、马卡泰阿岛以及密克罗尼西亚的环礁上都可以清楚地看到。

库克群岛拉罗汤加岛的居住模式是典型的波利尼西亚高岛模式，其地形特点是山谷深深切入，沿海平原狭窄，有环礁和潟湖（图 4.16）。高岛上的土地所有制以同心资源模式为基础发展起来。"Tapere"（塔佩尔）是以内陆山谷为中心形成的辐射状土地单元，每个单元都包含山地、沿海平原、潟湖和珊瑚礁等自然资源。这种辐射状的景观分段模式使每个家庭单位都能从各个环境区域中获取所需的各种自然资源。这种模式遍布整个波利尼西亚的高岛。"Tapere"系统既是文化构建的结果，也是受环境制约而形成的产物。"Tapere"是拥有土地的社区团体"matakeinanga"的家园。在"matakeinanga"中，"ngati"即当地族群占据着核心地位，而"ngati"中（通常）男性且族谱上最接近创始祖先的人，则担任酋长（mata'iapo）一职。

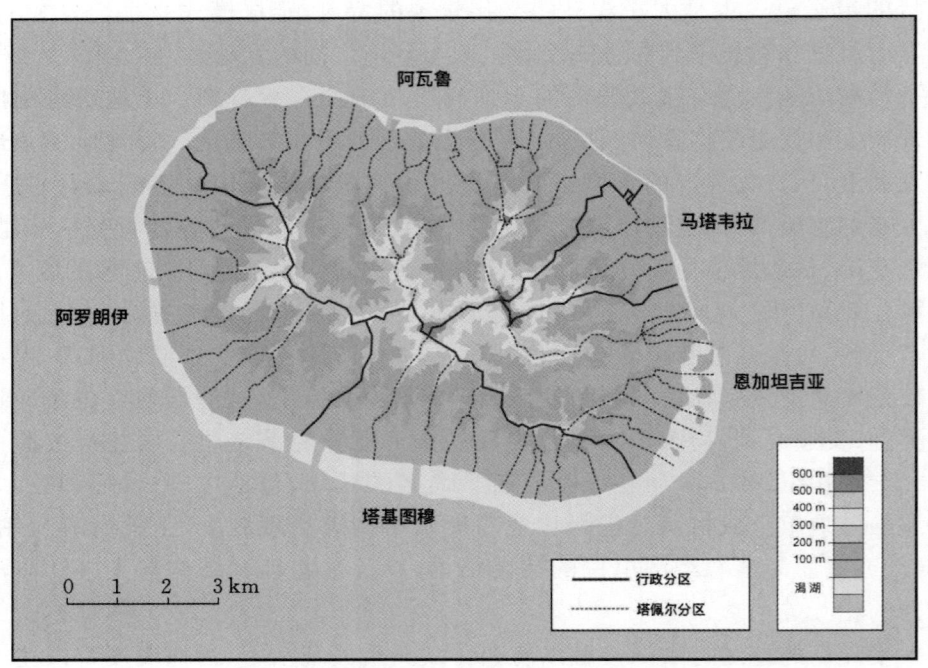

图 4.16　库克群岛拉罗汤加岛土地利用景观

如曼加伊亚岛等马卡泰阿岛或凸起的珊瑚石灰岩岛屿也有一种由资源区决定的锥状同心聚落模式（图 4.17）。在这些岛屿上，一个凸起的珊瑚石灰岩环（makatea），即以前的潟湖边缘，形成了一个相对贫瘠的土地和非常浅的土壤外圈，园地全部位于岛屿内陆。这里的土壤由径向溪流提供水源，在凸起的珊瑚石灰岩陡崖内陆边缘底部的低洼地区是种植芋头的沼泽地。土地所有单位也呈现从岛屿中心到海岸的分段模式，包含每个主要资源区。古老的村落遗址往往位于马卡泰阿岛内侧靠近花园的地方。在与欧洲接触前或接触初期，人们用珊瑚石灰石板铺设路面，方便人们从内陆通往海岸，许多小路沿用至今，并得到定期维护。

资源与土地所有单位之间的关系模式在环礁上也很明显。人类在环礁上的永久

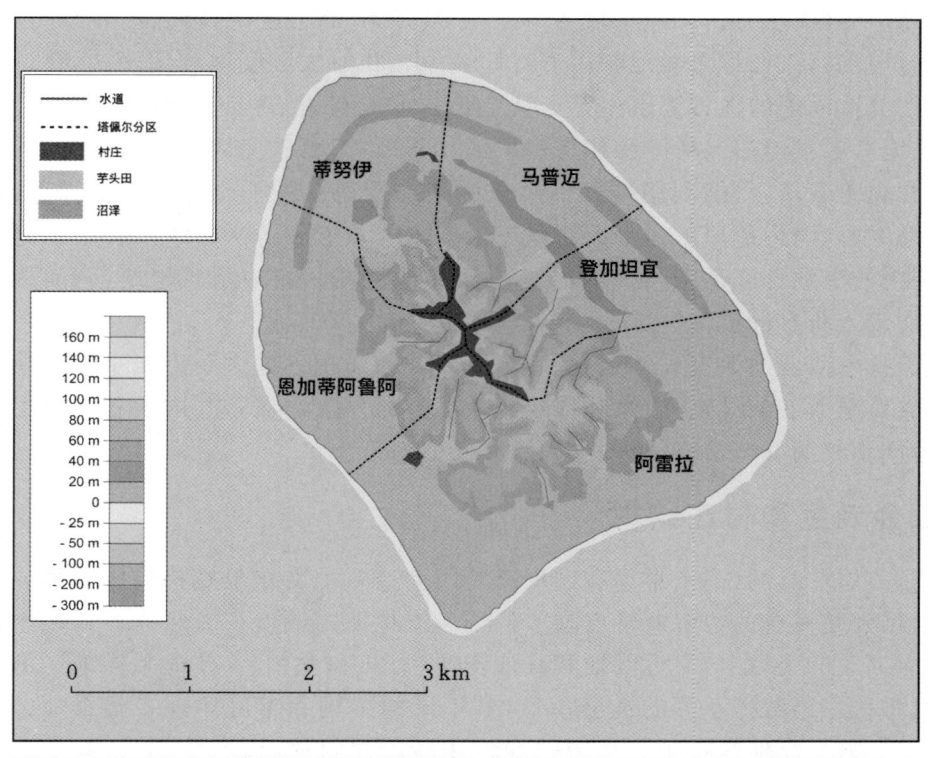

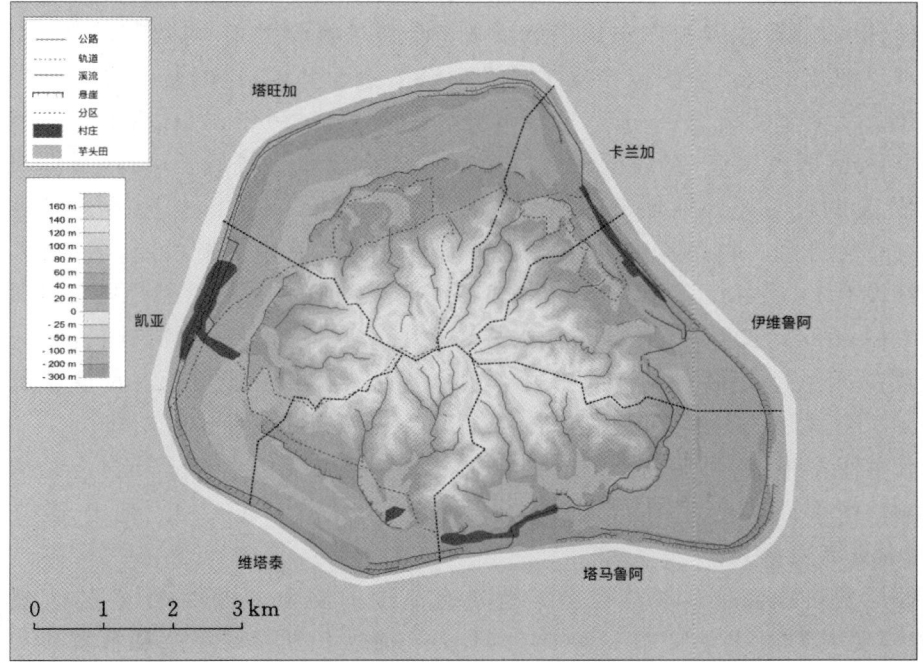

图 4.17 阿秋岛（上）和曼加伊亚岛（下）的锥状土地利用景观

定居取决于是否有可饮用的淡水，低洼岛屿还会面临被海水淹没的威胁。环礁潟湖边缘的小岛地势低洼平坦，环境区域差异不大，但在确定居住区、园艺区和祭祀场所（如墓地）的位置时，人们尽可能地利用现有环境差异和最大限度地利用资源，在这些边缘的且往往与世隔绝的地方谋求生存。其主要的土地利用结构包括淡水供应区、园艺用地（可耕地）、船只停泊保护区和住房保护区。其中，淡水供应区最重要，因为环礁上没有园艺和树木栽培，只能利用环礁下形成的淡水透镜。为了充分利用这一点，园地位于小岛的中心，因为那里的透镜最厚，土壤最发达。在密克罗尼西亚马绍尔群岛的环礁上，传统的土地分区是从小岛的海洋一侧到环礁湖一侧的条状土地，从而确保每个家庭都能进入所有的资源区域。

在美拉尼西亚的大型岛屿上，特定环境区域的面积远远大于近海小岛或波利尼西亚和密克罗尼西亚的岛屿，沿海和内陆区域都有居民点。在新几内亚和美拉尼西亚群岛，土地使用权制度非常多样和复杂，无法一概而论。

四、社会制度和村庄结构

村庄或居住点的位置、布局和结构反映了创造整个文化景观格局的一种或多种社会制度，特别是村庄的位置通常反映了传统的土地所有制度。太平洋岛屿每个村庄都位于社区拥有的土地上，靠近园地和其他资源（海洋和森林）。在太平洋地区的许多地方，家庭和村庄仍然是基本的社会单位，其不同的结构和布局体现了整个地区的各种亲属制度。太平洋地区很少有地方仍在使用传统建筑材料，但住宅、公共空间和仪式场所的设计和功能，以及村庄布局仍然反映了传统的社会关系、等级制度和文化习俗。

波利尼西亚的政治组织以亲属关系和地域关系为基础，这两套纽带所产生的权利和义务在政治活动中交织在一起，密不可分。在萨摩亚（Samoa），大多数人仍然居住在由若干个'aiga（即大家庭）组成的村庄。萨摩亚社会以酋长或族长（matai）世袭制为基础。传统上，村庄都是园地环绕的核心；族长的房子（fale）位于村庄中心，其他房子则围绕中央草坪排列。村里所有家庭都按照相同的基本模式建造房屋。每户人家的房屋前面都设有 fale tele，即"客房"，fale tele 一般是圆形的；客房后面是族长及其直系亲属住的 fale afolau（长屋）。通常只有技艺高超的木匠才有资格建造族长的房子，这些房子被建在石台上，用各种精选的木材建造和装饰。尽管许多更近时期建造的 fale 采用了混凝土台基和铁制屋顶，但它们依然保留了 fale 的形式和传统功能。

在新喀里多尼亚，早期与欧洲的接触对卡纳克人及其定居模式和村庄结构产生了巨大影响。考古证据表明，在与欧洲人接触之前，房屋散布在大片园地中，建在高土丘上，沿着中央巷道排列。

美拉尼西亚社会及其村落社会结构具有高度的文化多样性，但总体上被定义为"美拉尼西亚大人物社会"。在这种社会中，头人通过长期参与家庭和社群事务积累财富并掌控剩余（社会）生产，他们可能来自不同的社会阶层。社区层级的决策主导部落的政治，其中大人物或比克佩拉人（bikpela man）是有名望和影响力的人，他们的地位不是世袭的。这种社会里也不存在大规模的领地，头人仅管理部分社会群体，这意味着不可能组织大规模的劳动力进行大型建设。这种比克佩拉社会结构和美拉尼西亚社会中鲜明的性别角色在"男人的房屋"上体现得尤为突出,"男人的房屋"往往引领着村落的布局,它不仅是男子启蒙的场所,也是他们精神的寄托。传统斐济村庄布局如图 4.18 所示。

图 4.18　传统斐济村庄纳瓦拉村①

"男人的房屋"有两层。底层四周是雕刻着图腾符号的大柱子,柱子上有炉灶,每个炉灶分配给一个氏族。这里还有巨大的狭缝鼓、小凳子以及雕刻和绘有拟人化插图的挂钩,挂钩悬挂在横梁上,用来盛放食物篮子。通往上层的楼梯上有装饰华丽的柱子,屋顶横梁由一两个坐姿雕像以双腿张开的姿态支撑,上层的入口位于雕像的两腿之间,在这个雕像中,人变为鳄鱼的神话主题被形象地描绘出来。房子的第二层也被分配给不同的氏族,有时还设有专为受启蒙者保留的空间。氏族的珍宝都保存在这一层,包括祭祀时使用的大圣笛、祖先遗骨和敌人的头骨。

整体上,"男人的房屋"象征着原始的女性形象:外墙模拟她的脸,建筑整体则代表她的身躯。这样,所有属于男人的东西,即公共、文化和礼仪领域都被置于女人的身体中,从而通过一种两性之间更深刻的融合方式克服男女之间的冲突。

由于传教士的影响,太平洋地区许多地方的村庄在 20 世纪发生了很大改变。在凸起的珊瑚石灰岩小岛上,人们现在居住在紧邻大海的海滩边。现在的房屋都建在高跷上,而不是地面上,这种建筑形式似乎是在传教士时期引入的,因为人们认为空气在小屋下面流通令人更健康。

五、社交、仪式和墓葬场所

许多太平洋岛屿景观中都有大型或具有纪念意义的建筑,这些建筑的历史似乎可

---

① 图 4.18 来源:巴镇市政厅官网,https://batowncouncil.com.fj/ova_por/navala-village。

追溯至过去 1000 年内，表明整个地区发生过社会变革。这些建筑在景观中非常醒目，通常被视为社会组织发生重大变化的标志，无论是源于内部争斗和资源枯竭，还是受到其他地方社区的影响或是与它们的互动。所有太平洋岛屿社区都有与其他地方的社区——其他山谷、岛屿、岛群或远距离社区——在贸易、婚姻和战争中进行社会交往的故事。这种互动可能是断断续续的，也可能持续很长时间，无疑影响了这些地区的社会结构和定居模式。

许多用珊瑚石灰岩、玄武岩或其他石块和土建造的纪念性建筑的具体功能尚不清楚，但有各种说法认为它们具有防御、礼仪或宗教的功能，某些可能还与墓葬有关。一些情况下，纪念物的建造可能是园艺生产集约化的证据。由于建造这类建筑需要有组织的集体劳动，它们通常与等级社会的出现和酋长权力巩固有关，特别是在波利尼西亚和密克罗尼西亚的部分地区。在另一些地方，它们被认为具有划定土地所有单位或仪式、宗教等功能。

汤加群岛上的墓葬景观记录了欧洲殖民化之前的社会变迁及其对周边岛屿群的影响。大约 900 年前，汤加群岛在汤加大酋长或国王(Tu'i Tonga)的领导下出现了汤加海上帝国或酋长领地，其影响一直延续到与欧洲接触时期。距汤加王国现代首都努库阿洛法(Nuku'alofa)约 10 千米处的穆阿(Mu'a)皇家陵墓，是公元 1200—1500 年汤加海上酋长领地鼎盛时期图伊-汤加人(Tu'i Tonga)的墓地。langi 继续被用作安葬坟墓是延续至今的传统，并由当地家庭掌握墓中埋葬者的信息。该景观包含 28 座大型墓葬或表面覆盖着巨大珊瑚石灰石块的 langi(图 4.19)，其中一些石块从北部 500 千米

图 4.19　Langi Tu'i Tonga 墓地①

---

① 图 4.19 来源：80 次点击环游世界网站，http://www.traveladventures.org/continents/oceania/lapaha-langi.html。

处的乌韦阿岛运来；此外，还有防御工事壕沟、其他石头景观以及一个港口和独木舟码头。

在萨摩亚，大型玄武岩土墩位于萨瓦伊岛狭长沿海地带的战略要地、乌波卢岛东南海岸的山脊高处以及西北海岸的山区。这些石墩可能是领土单位的标志，也可能具有防御作用。萨摩亚萨瓦伊岛上的普莱梅莱石墩是波利尼西亚最大的石墩，大量小石墩、墙壁、道路和房屋平台等石质遗迹一直延伸到海岸。星形土墩或 tia'ave 是仅在萨摩亚发现的特殊形式的土墩，它们一般出现在山脊、山顶或森林地带，推测其功能包括墓葬、房屋平台、界碑、防御建筑、捕鸽冢和祭祀平台。

在密克罗尼西亚的石头建筑中，最著名的是位于波纳佩小岛上的南马多尔（Nan Madol）。这是一个非常大的定居地（图 4.20），据波纳佩人的口头传说，它曾是索德勒王朝统治者的居住、宗教和行政中心。南马多尔通常被描述为"太平洋的威尼斯"，它是一个占地 150 多英亩（1 英亩≈4046.86 平方米）的石头建筑群，覆盖 92 个小岛，由玄武岩块建成，据说 1500 年至 500 年前一直在使用。

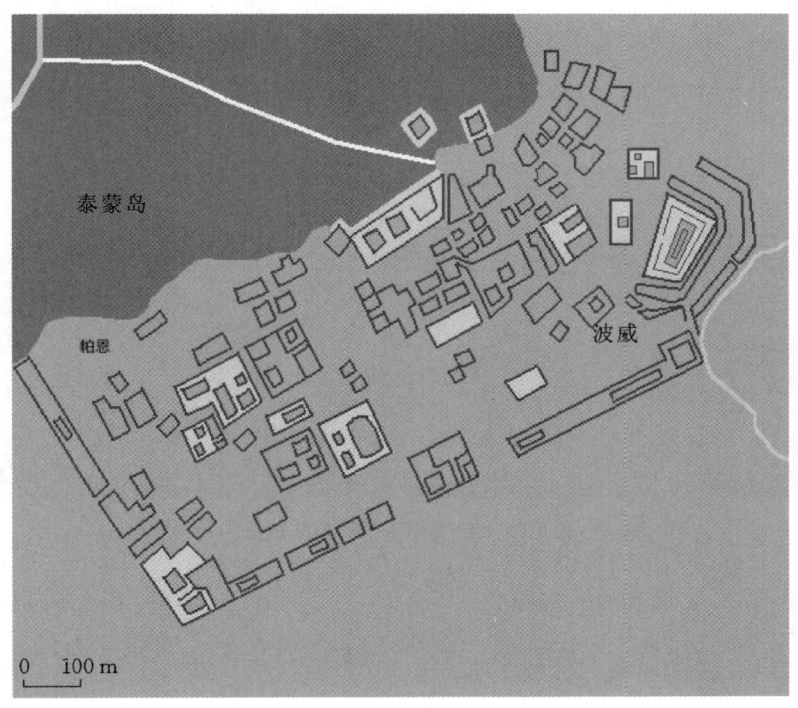

图 4.20　南马多尔（1200—1628）

美拉尼西亚也有大型石头建筑，在巴布亚新几内亚的马西姆群岛北部，每个有人居住的岛屿上的重要位置都有石头标记。

在整个东波利尼西亚，社会和礼仪生活曾经并在某些地方至今仍通过 marae 建筑群的形式来体现。这是一个开放的集会空间或仪式空间。在波利尼西亚及其外岛也发现了这些仪式场所的类似基本要素：①一个开放的空间，被精心设计成一个正式的庭院，几乎在所有地方都被称为 marae 或 malae；②与庭院相邻或相连的某种形式的 fale 或 fare（神屋），有些与祖先墓葬有关；③柱子或直立的石头（通常称为 pou），或在东波利尼西亚，石像作为神灵或祖先的象征或表现形式，位于庭院四周或一端；④在东波利尼西亚中部地区，庭院的一端有一个高台或祭坛，称为 ahu。

在这一区域内，太平洋岛屿纪念性建筑中最有名的 marae 当属复活节岛上的 ahu。在此岛上，著名的摩艾雕像代表了土地所有权及其后裔群体或祖先的意识形态（图 4.21）。小型摩艾雕刻始于公元 1000 年，大型摩艾雕刻始于 16 世纪，摩艾雕像竖立在墓地的祭坛上。

图 4.21　复活节岛上的摩艾雕像①

在库克群岛的曼加伊亚（Mangaia）岛上，存在着长方形的 marae，它们由碎石铺成，有时用石头镶嵌边缘。marae 的一端有时会有代表神灵的直立石块。marae 上搭建有小茅草房，人们推测神灵便居住于此。虽然形式相似，但并非所有的 marae 都有相同的位置或功能。在东波利尼西亚，最令人印象深刻的 marae 位于海岸线周围的显要位置，而较小的 marae 则散布在各处，它们的位置反映了传统的土地所有单位。最小的 marae 主要分布在内陆或与较大的建筑相连，在这种情况下，它可能具有专门的

---

① 图 4.21 来源：ⓒ Horacio_Fernandez，维基共享资源，https://commons.wikimedia.org/wiki/File:Moais,_Isla_de_Pascua._-_panoramio.jpg。

功能。

一些 marae 继续发挥其传统作用，对当今的波利尼西亚社会很重要。除了复活节岛的 ahu 之外，最著名的古代 marae 是位于法属波利尼西亚社会群岛 Ra'iatea 岛的大型石头建筑群——塔普塔帕乌阿提亚（Marae Taputapuatea）（图 4.22）。Taputapuatea 以及其他 marae、射箭台、传统会议平台和其他建筑群位于一片面积约 8 公顷的平坦沙地上，东西两面环山，北面临海，南面有一条古道，紧靠海边的是被称为 Te Ava Mo'a（神圣通道）的山口。大约从 16 世纪开始，塔玛托王朝（Tamatoa dynasty）在这里建造了现在的 Marae Taputapuatea 圣地。

图 4.22　Raiatea 岛上的石头建筑群遗址[①]

在新西兰，marae 是毛利人的聚会场所和传统社区生活的中心，通常指包括 wharenui（议事厅/会堂）及其前面最大的用于 pōwhiri 仪式的整个建筑群。Wharenui 是主要建筑，有华丽的雕刻装饰，它不仅以祖先的名字命名，其结构还具有象征祖先的意义。

上述纪念物和仪式遗址是太平洋岛屿不断演变的文化景观元素。在某些情况下，这些纪念物的起源和功能并不明确，它们只是延续的文化景观的遗迹；在另一些情况下，它们持续发挥着传统作用或社会功能。它们是创造太平洋文化景观的社会和经济体系的组成部分。

六、战争遗迹景观

整个太平洋岛屿都有在欧洲入侵前后战争中形成的景观元素或整体的景观。在欧洲人接触之前的几个世纪里，战争在太平洋地区的许多地方都相当普遍，这可能与岛屿人口增长所带来的资源竞争有关。为应对战争而建造的土石防御工事极大地改变了太平洋大小岛屿的景观。这些防御工事一般位于山顶、岬角等战略要地处，便于监

---

① 图 4.22 来源：© SCP/J.-B. Herrenschmidt, GIE Océanide，世界遗产中心网站，https://whc.unesco.org/en/documents/147838；whc.unesco.org/en/documents/147837。

视敌方独木舟可能通过的堡礁通道,或者与岩石露头等自然地貌结合建造(图 4.23)。在一些岛屿上,防御堡垒似乎是永久性或半永久性的,防御结构内有方便进入的园地和储存食物的空间。

图 4.23　山顶要塞①

拉帕岛(Rapa)是法属波利尼西亚的一个偏远小岛,岛上保存着与欧洲接触前时代典型的战争遗址。该岛呈马蹄形,围绕着一个中心海湾,距离最近的邻国约 500 千米。19 世纪末欧洲人与该岛接触时,岛上约有 1500 人居住在海湾上方防御森严的山顶社区中。这些防御工事是在波利尼西亚人首次定居该岛后短短几百年内修建的,可能是为了应对人口增长带来的资源竞争以及与此相关的自然环境退化(尤其是森林的砍伐)。位于斐济群岛东北端的 Chikobia-i-Ra 小岛,在过去一千年里,为了抵御外来侵略,人们建造了大量的防御性建筑。在八个防御工事遗址中,一些防御墙高达四米,城墙内有大型房屋土丘、祭祀平台、墓葬区和园地的矮墙。在斐济的西加托卡山谷和新西兰的许多地方,与高密度人口和密集耕作相关的防御性建筑形成了防御性环形壕沟和梯田遗迹景观。在整个新西兰,毛利人都有被称为"pa"的防御点,其规模各异,有的为一个大家庭而建,有的为部落而建。碉堡是在战争时期为躲避攻击而建造的,但也有其他用途,如作为安全的居住地和食物储存处。pa 的遗迹在景观中非常突出,通常位于陡峭山脊的尽头、海岸岬角或孤立的山丘之上,也有部分建在沼泽边缘或平地上。

与欧洲接触后的战争也在太平洋岛屿形成了非常独特和重要的战争文化景观遗迹。第二次世界大战的"太平洋战场"对美拉尼西亚和密克罗尼西亚许多地区的原住民及其土地造成了毁灭性影响。日本与美国、澳大利亚、新西兰和加拿大在这些岛屿上进行了一场战争,导致无数原住民丧生,村庄和园地被毁,脆弱的环礁和小岛屿环境遭到大面积破坏。在新喀里多尼亚、瓦努阿图、所罗门群岛、巴布亚新几内亚以及马里亚纳群岛、马绍尔群岛、帕劳和密克罗尼西亚联邦等密克罗尼西亚岛屿上,到处都有与这场冲突有关的文化景观遗迹。散落在灌木丛和昔日关键的战争地点或重要停泊点的

---

① 图 4.23 来源:ⓒ TAHITIHERITAGE/Sardon,塔希提岛遗产网站,https://www.tahitiheritage.pf/pa-forts-rapa。

腐烂金属、坦克和混凝土结构的物质遗迹景观(图 4.24)反映了密集的轰炸和大规模的建设(如机场)。

图 4.24　瓦努阿图卢甘维尔海岸生锈的军事装备(Helen Armstrong/提供)

第二次世界大战期间,西太平洋的军事化也促使许多受到战争影响的岛屿开始建造港口、公路和机场,包括斐济和所罗门群岛的国家机场和相关的主要定居点。

冷战为密克罗尼西亚的战争遗迹增添了新的色彩。第二次世界大战后,美国继续将该地区用于军事目的,并在 20 世纪 40 年代末和 50 年代将一些孤立的小岛用作原子武器和核武器的试验场,其中最著名的是马绍尔群岛北部的比基尼环礁(图 4.25),原住民永久搬离了该环礁。在冷战高峰期的 1946 年至 1958 年,比基尼环礁上共进行了 67 次试验,其中包括世界上最大的地面原子弹试验(布拉沃试验)。美国(1958—1962年)和英国(20 世纪 50 年代末)分别将中太平洋的约翰逊环礁、基里巴斯的基里马蒂岛和马尔登岛作为试验场地。法国也曾在 1966 年至 1996 年间将法属波利尼西亚的穆鲁罗瓦环礁和方阿塔图塔环礁用作核试验场。在所有这些与世隔绝的偏远地区,试验本身以及相关的军事基地和基础设施极大地改变了景观,留下的建筑遗迹和碎片散落在狭小的土地上和周围的水域中,形成了冷战时期的太平洋文化景观。

太平洋岛屿有机演变的文化景观是该地区文化和社会体系的不同表现形式,它们体现了人类对大洋洲自然环境的回应、在该地区定居的历史以及太平洋岛屿社区的发展和互动,从而反映了这一巨大而多样的地理文化区域。

图 4.25 （左—右）位于马绍尔群岛的核废物填埋场；在比基尼环礁进行的首次核试验①

第三节 殖民时代的文化景观

太平洋岛屿拥有反映该地区独特殖民历史的文化景观。尽管从 17 世纪西班牙人在密克罗尼西亚开始殖民活动起，太平洋岛屿在几个世纪中曾被多个欧洲强国殖民，但大多数岛屿直到更晚的 18 世纪末、19 世纪和 20 世纪才正式被欧洲人殖民，这在欧洲全球范围的殖民史上相对较晚。直到这一时期，欧洲人的航行技术和航海知识才使该地区潜在的经济和战略价值得到开发。相对较晚的殖民历史与大洋洲环境的特殊资源和特征密切相关，所形成的殖民地景观既具有欧洲殖民战略的普遍特征和要素，又有太平洋岛屿的独特形式。该地区殖民文化景观的主要类型与以下四个方面有关。

一、自然资源的开采

英国、法国、美国和德国等外国公司在太平洋岛屿地区早期的自然资源开采，如采集檀香木、鲸油和珍珠贝等，并没有显著改变该地区的文化景观，也不需要在该地区建立大型定居点或基础设施。然而，19 世纪大规模的采掘活动，特别是在基里巴斯和瑙鲁的马尔登等小岛上开采鸟粪或磷酸盐、在新喀里多尼亚的格朗德特尔开采镍矿、在新西兰开采金矿以及在布干维尔开采铜矿，需要投入更多的劳动力和建设更多的基础设施，并导致了原住民的迁移，采矿过程极大地改变了当地的自然景观。马尔登岛的例子说明了文化景观中交织的各种历史。

马尔登岛具有相当重要的历史意义，岛上共有 21 处考古遗址。岛上有几处 marae，其中位于岛西北部的三处规模较大。这些都是保存最完好的与欧洲接触前时期的遗迹，似乎没有受到关岛采集时期（1860—1927 年）的干扰。在这些遗迹所属的历

---

① 图 4.25 右图来源：环球网，https://world.huanqiu.com/article/3wKRQcoaja0。

史时期，岛上曾居住着 100～200 人。开采鸟粪时代（1860—1927 年）的坟墓在欧洲人登陆点以南的西南海岸，位置与欧洲殖民前 marae 地区的不同。而且这些坟墓的墓碑是西式的，一些墓碑上还刻着矿工的名字，甚至其中有一块刻着一个两岁幼儿的名字，他是当时一位鸟粪管理者的儿子，不幸被海浪卷走。1825 年，英国皇家海军"金发女郎"号发现了西部矿区，并以该船的领航员 C. R. Malden 中尉的名字命名了该岛。从 1860 年到 1927 年，马尔登岛的鸟粪和磷酸盐矿藏被大量开采。这里是中太平洋鸟粪岛中商业最成功的岛屿之一，附近的星巴克岛也非常富饶，被称为"珊瑚皇后（鸟粪）岛"。

二、建立种植园经济

种植园经济直到 19 世纪末才在太平洋地区得以确立。太平洋岛屿的气候和地形以及与欧洲、美洲和亚洲市场的隔绝阻碍了种植园或任何大规模农业企业的建立，种植园直到相对较晚的时期才出现。然而，到了 19 世纪末，随着对椰干（由椰子加工而成）和蔗糖这两种食品需求的增长，德国和英国公司开始在太平洋岛屿上建立种植园。德国公司在新几内亚北部、俾斯麦群岛、密克罗尼西亚群岛等德国殖民领地和萨摩亚建立了一批椰子种植园。德国公司为种植园引进太平洋岛民和中国劳工，并在各岛屿之间调动、运输劳工。

椰子也是斐济早期殖民地经济的一个重要因素，但到目前为止，对斐济传统景观影响最大的是甘蔗种植园（图 4.26），它们主要分布在雷瓦三角洲、西加托卡山谷、最大的岛屿维提岛西部和北部的瓦努阿图岛。随着制糖业的发展，一系列基础设施如运输甘蔗的公路和铁路网络，以及位于劳托卡（Lautoka）的大型精炼厂等相继建成。1879 年至 1916 年间，劳托卡引进了约 6 万名印度契约劳工。这些劳工的后代和近年来从印度移民至此的人们，如今已占斐济总人口的近 40%。

种植园的建立改变了土地的传统用途，在太平洋岛屿许多地方，传统土地所有权被转让。由此形成了独特的土地所有权模式，在该地区残存的和延续至今的种植园景观中依然可见，反映了太平洋地区殖民企业的独特性。

三、传教士的文明化项目

从 17 世纪中叶在密克罗尼西亚开始，基督教传教士对太平洋岛屿社会产生了重大影响，许多岛民在相对较短的时间内皈依了基督教。如今，这些岛屿上遍布着建筑风格独特多样的教堂，以及随处可见的景观遗产，这些都反映了基督教会在许多太平洋社会中持续发挥的核心作用。在某些地方，早期的传教士创建了自给自足的大型传教所，其中许多因持续使用而保存完好。在新喀里多尼亚的 Vou 岛，圣母会传教士于 19 世纪 40 年代建立了一个传教所，包括大型住宅建筑、道路、桥梁、面包房和学校，岛

图 4.26　种植园中的岛民房屋①

上所有的原住民纳克人都同意在周围重新定居,建立了村庄和园地,并创造了 19 世纪的传教所景观——一个融合了传统农业、基督教和太平洋原住民宗教仪式的延续的文化景观。

四、殖民统治的建立

与新喀里多尼亚传教士景观相关联的是大特尔岛(Grand Terre)南部和品岛(Isle of Pins)上更广泛的殖民文化景观,反映了从法国运送囚犯建立新喀里多尼亚殖民地的历史时期。从 1864 年到 20 世纪之交,约有 3 万名囚犯被运到该殖民地,从事修建道路、政府大楼和其他基础设施的劳动,同时,他们还参与农业生产,为新兴的殖民社会提供必需的农产品。在许多地方都可以看到囚犯时代的遗迹,特别是与运输囚犯后的监禁直接相关的大型石质建筑。现存的许多城镇都是由那些无法返回家园的获释囚犯所建立的定居点演变而来。土地使用和土地所有权的总体模式密切反映了这段历史以及与之相关的大部分卡纳克人从大特尔岛南半部迁移的情况。

在那些与开采自然资源和建立种植园经济有关的例子中,人口流动为这些产业输送劳动力是一个核心特征。这些被迫签订契约、失去自由的劳动力的流动极大地改变了该地区的传统文化,为太平洋岛屿景观又增添了一层文化遗产,并促成了太平洋岛屿当前多元文化社会的形成。

---

① 图 4.26 来源:昆士兰州汤斯维尔市政府网站,https://www.townsville.qld.gov.au/_data/assets/pdf_file/0017/5372/Final-version-of-TSTPublication-Lectures-in-Queensland-History.pdf。

第四节 关联性文化景观和海洋景观

世界遗产委员会将"关联性文化景观"定义为"人与景观之间的互动与思想或信仰密切相关的文化景观",并认为将这类景观列入《世界遗产名录》的理由是"自然要素具有强大的宗教、艺术或文化联系,而不是物质文化证据,因为物质文化证据可能微不足道,甚至根本不存在"。关联性文化景观明确承认人类与其环境之间的社会和文化关系。文化故事、思想和知识蕴含在一个场所、个别地貌或整个陆地或海洋中,这些关联的物质文化证据可能微乎其微,甚至完全不存在。关联性主要体现在自然环境中,与宇宙性、象征性、神圣性和具有文化意义的景观相关联的自然特征可能非常广泛,包括陆地和海洋。即使不是所有景观,也有许多景观与宗教、艺术或文化有关,许多关联性景观也是不断发展的文化景观。

太平洋岛屿景观基本上都是人类创造的,这意味着太平洋岛屿上有机演化的文化景观大多具有关联属性。在某些情况下,这些文化景观还包含遗存和延续的要素,因此,太平洋岛屿的关联性文化景观大多是持续演进的。它们通过人们与环境的联系、传统知识体系,以及讲述陆地、海洋、生物和人类起源与历史的故事景观,反映了该地区生活传统的连续性。太平洋地区的各种关联性文化景观可分为以下两种类型。

一、"讲故事"的陆地和海洋景观

太平洋群岛的所有景观和许多海景都有故事。与世界各地的景观一样,人们为景观命名,并讲述它们的起源故事,解释景观元素之间的关系以及它们与人的关系。在太平洋地区,有关起源的故事通常赋予土地所有权和社会地位以历史和权威,确定祖先最初到达的地点以及他们生活中发生重大事件的地点,这些事件一直影响着太平洋岛屿居民现在的生活和社会关系。

在波利尼西亚,各群岛之间通过最初的定居和持续的互动,形成了一些共同的、相互关联的故事。例如,讲述英雄和祖先的旅程,以及一个共同的神殿或祖先人物,其中一些人的生活和活动遗迹可以在该地区不同群岛的许多遗址中找到。波利尼西亚有几个地方都被命名为 Fagaloa 或 Fa'aloa Bay,反映了波利尼西亚社区拥有的共同历史。位于萨摩亚乌波卢大岛东端的 Fa'aloa Bay 有许多传说,包括 Lufasiaitu 传说(被称为"半人半灵"),该传说是许多在萨摩亚人演讲中广泛使用的正式表达方式的起源。位于 Fa'aloa Bay 周围的景观与祖先 tietiega o moso 的安息场所有关,其中有石质的椅子(nofoa papa)、餐桌(laulau)和埋在沙子里的阿瓦碗(ava bowl)等。Fatutoama 传说讲述的是位于 Fa'aloa Bay 后面的阿弗利洛山谷(Afulilo Valley)附近的重要山脉的故事。

与过去英雄或传奇人物的故事相关的关联性文化景观可能包含有形的文化证据,

以证明英雄的有关生平事迹。例如,瓦努阿图的罗伊-马塔酋长领地是由三个遗址组成的建筑群,与具有传奇色彩的酋长罗伊-马塔的生死有关。自 20 世纪 60 年代以来的考古发掘工作已经确定了曼加斯、费尔斯洞穴和阿托克(帽子岛)这三处主要遗址都与马塔酋长头衔的最后拥有者有关。这些遗址的建造年代都在公元 1600 年左右,它们与有关最后一位马塔酋长的故事共同构成了马塔酋长领地的文化景观。

位于新西兰的汤加里罗国家公园(Tongariro National Park)是一处杰出的关联性文化景观。1993 年,汤加里罗国家公园成为第一个以文化景观列入《世界遗产名录》的遗产地。公园中心的山脉对毛利人具有重要的文化和宗教意义,象征着毛利人与其环境之间的精神联系。公园内有活火山和死火山、多种多样的生态系统和一些壮观的景观。

二、土地和海洋相关传统知识

太平洋地区的所有知识体系,无论是被视为宗教的还是精神的,无论是与实际日常生活相关的,还是与法律和土地所有权有关的,都具有文化内涵,并在陆地景观和海洋景观中有所体现或关联。

理解整个地区看似"自然"的陆地景观和海洋景观的关联性价值时,尤其重要的是理解管理陆地景观、海洋景观和资源的传统习俗。构成这些习俗的是传统的权力和土地所有制度,其基础是关于生态系统、资源和环境的传统知识,以及人类利用、重大气候或地质事件及其缓解可能造成的影响。在这些风俗习惯的长期作用下形成的文化景观,虽然几乎没有或根本没有人类活动的有形证据,但它们形成了文化模式。

在库克群岛,传统社会有一套复杂的海洋和土地所有权制度,通过"ra'ui"制度对土地和海洋进行划界并实施可强制执行的控制。根据该制度,在一年中的某些时间和采集特定食物或植物会受到限制。新西兰的"Rahui"、斐济和西波利尼西亚的"tabu"以及马绍尔群岛部分地区的"mo"是类似传统习俗的不同名称,即在资源得到补充之前禁止或限制采集自然资源。

西波利尼西亚的纽埃岛是一个凸起的珊瑚石灰岩岛屿或马卡泰阿岛,该岛南部有一个罕见的残存林区,被称为胡瓦卢保护区(Huvalu Conservation Area)。纽埃人历来与森林保持着密切的关系,森林不仅为他们建造房屋、独木舟和雕刻作品提供木材,还供应水果和树叶作为食物或药材。森林中有三种特别重要的动物被猎杀作为食物。纽埃人在土地利用方面一直采用许多传统的保护方法,尤其是通过关闭特定区域或限制人员活动来实施保护。通过实施 fono(临时控制)或 tapu(基于神圣信仰的长期禁忌),胡瓦卢保护区根据当地传统习俗划分为不同的区域:约 100 公顷的核心区域被划为 tapu,作为神圣之地,禁止狩猎、伐木甚至研究;其周边约 2500 公顷的原始森林为核心区提供保护,但可用于狩猎和其他活动;它们分别用于资源管理和建立保护区。根据传统的村落所有权,tapu 区分为四个部分,其中两个在 Hakupu 土地上,另两个在 Liki 土地上。位于 Hakupu 的 Veve 因其神圣性而被尊为 tapu,被视为"隐藏着岛屿生命或核心的洞穴"。其他受保护的神圣地点包括蝙蝠保护区 tauga peka。Fagafue 是 Hakupu 土地上的一个村庄认可的 tapu，也是面积最大的 tapu 区，已经有四代人居住在这里。

在马绍尔群岛也可以看到以自然景观为模式的传统自然资源保护制度。在那里，土地的某些部分、整个岛屿或珊瑚礁地区被指定为限制区，以保护螃蟹、鱼类和其他海洋动物等食物资源。在某些地区，这些地方被称为"mo"，字面意思是禁止或禁忌；而在其他地方，则被称为"laroij"，表示属于酋长的土地。在"mo"区域，除非得到 iroij（最高酋长）的特别许可，人们不得前往；在特定场合，如邀请整个社区参加的盛宴上，iroij 可能会给予这种权利；在粮食短缺或发生饥荒时，作为最后的手段，也可以从"mo"区域收获粮食；要去"mo"，必须遵守一定的规则，包括通过特定仪式，或被禁止说某些话，甚至禁止对某些鸟类和动物使用不同的名字等。人们会被告知，不遵守这些规则可能会导致灾难，比如在返航途中遭遇恶劣的风暴，或者参观队伍中的某个成员发生不幸事故。正是通过"mo"制度，岛屿上的生物资源得到了有效保护。如今，"mo"制度仍被认可，大多数人了解自己的传统土地所有权地位。

太平洋岛屿的居民不仅对海洋资源和海洋生物的生态有着深刻的了解，而且除生活在新几内亚高原的居民外，他们对海洋的方方面面，包括洋流、风、海浪和天空都了如指掌。这不仅仅是将自然特征、天气或自然事件与象征性或神话故事联系在一起，而是构成了一个关于海洋、航行、航海，以及连接岛屿社区的航线的完整传统知识体系。这些知识在文化上仍然根植于特定场所，无论是潟湖、群岛周围的水域还是数千公里公海上的航线。这种文化知识意味着太平洋可被视为关联性海洋景观。

在许多太平洋岛屿社会中，导航员一直是备受尊敬的专业人士，通常由特定家族的成员担任。尽管从与欧洲人接触和殖民化以来，许多传统航海知识已经失传，但在密克罗尼西亚，这些知识仍在继续传承。在密克罗尼西亚的萨塔瓦尔岛，导航员必须知道从一个岛屿到另一个岛屿所要遵循的 ururun mor（星路），这些知识被称为"ofanuw"，并在长长的吟唱中不断重复，导航员还知道从特定岛屿正上方经过的天顶星；而在波利尼西亚，一些项目正积极地为这些习俗注入了新的活力。

尽管这些知识体系是在特定场所长期发展起来并且根植于该场所，但其中大部分是非物质遗产。这些知识体系使太平洋岛屿的人民能够在自己的岛屿社区生活，并在这些社区之间自由往来。太平洋岛屿社会、他们的知识体系、他们与陆地和海洋的联系，以及这种联系在该地区陆地景观和海洋景观中的表现形式密不可分。太平洋地区的传统航行和航海活动涉及海洋环境的知识，精神、物质和习俗在相关的海洋文化景观中交汇。

5

庐山世界遗产文化景观价值体系研究

1996年，庐山风景名胜区成为中国第一个被列入联合国教科文组织《世界遗产名录》的文化景观遗产。庐山原本申报的是自然和文化混合遗产，但国际专家咨询机构在评估过程中将庐山的突出普遍价值评定为文化景观。因此，庐山的文化景观价值是由国际遗产专家而不是中国人自己认识到和提出的。与此同时，虽然世界遗产委员会在决议中明确将庐山作为文化景观列入《世界遗产名录》，但由于当时对文化景观的分类不如今天这般细化，庐山一直被归在文化遗产类别之下，直到2015年它才出现在世界遗产中心官方网站及ICOMOS文档中心发布的文化景观名录中。庐山作为世界遗产文化景观的价值在国际上没有得到及时的确认，这曾引发了不少疑虑。庐山申报与列入世界遗产的过程充满曲折，给中国遗产界留下了极大的困惑。类似地，五台山在2009年申请成为世界遗产文化景观时也经历了与庐山相似的波折。

鉴于国际与中国遗产界在文化景观认知上存在显著差异，2009年，联合国教科文组织北京办事处决定将中国第一个世界遗产文化景观——庐山，列入教科文组织"保护和管理世界遗产"中国项目计划（2010 UNESCO Project of Conservation and Management of World Heritage sites in China: Lushan World Heritage Cultural Landscape Research），旨在通过庐山项目触发中国对世界遗产文化景观的深度研究。这项研究系统完整地揭示了庐山文化景观体系及其价值，从庐山透视了中国风景名胜区的文化景观基底价值，实现了中国风景名胜区文化景观实践体系与国际文化景观理论体系的对接，是一次东西方关于文化景观价值的深度对话与交流。

本研究采用《庐山风景名胜区总体规划（2011—2025）》界定的范围作为研究范围：基本上以环山公路内侧为界，局部沿庐山山体，围合成封闭曲线，总占地面积330.42平方千米。风景名胜区外围景区包括：浔阳景区、龙宫洞景区、石钟山景区、鞋山—湖口景区、沙河景区，北至濂溪墓，东至高垄关帝庙，南至温泉，西至通远；风景名胜区外围保护地带自风景名胜区东及东南边界外延至鄱阳湖滨，其余部分以风景名胜区边界外延500米，外围保护地带总占地面积为103.94平方千米。

第一节　庐山文化景观的自然基底

一、山水形胜的自然成因

庐山位于长江中下游南岸，今江西省北部九江市域的东南部，亚洲第一大江——长江和我国第一大淡水湖——鄱阳湖交汇之处，是在我国广袤的长江中下游平原中部，离长江最近的一座独立的中等体量山体，地理区位上属于亚热带湖盆地区的山地。庐山北临长江，巍然独立于鄱阳湖入江之处，山体总的走向由北、北东而趋南、南西，长约29千米,宽约16千米,呈一纺锤状形态。海拔1474米的南部大汉阳峰为主峰,以中部仰天坪为南北分界线,周围山峰兀立,挺拔陡峭,山上反而相对平坦。庐山的山水形胜由地质、地貌、水文、气候和生物多样性等方面形成。

(一) 地质

在25亿～18亿年前的古元古代,庐山地区大体经历了陆壳形成、地台陆表海和盆岭构造三个大地构造发展阶段,于晚白垩世形成庐山断块山的雏形,在新生代新近纪的喜马拉雅造山运动中,于2330万～320万年前上升,在近庐山周围形成一系列高角度正断层,作为正断层下盘,庐山相对剧烈上升,成为凸起于鄱阳盆地的一座断块山。庐山的地层较齐全,展现出地球各历史时期地质变化的过程。

在地层分布上,沉积岩在除三叠纪、侏罗纪外的其他各时代地层中均有出露。前震旦纪双桥山群使该区古老褶皱基底和震旦系、寒武系分布于庐山的北部和山麓地带,志留系广泛出露于山麓外围,早、中泥盆世与白垩纪、新近纪地层发育不全,第四纪地层分布普遍。庐山有较为特殊的新元古代火山岩系类型,其他地方较少见的火成岩、沉积岩、变质岩及地幔岩一同出露,这构成了庐山文化景观突出的地质学价值。庐山的地球历史、地层学特征,具有国际对比的重要意义。庐山范围内的元古宙地层岩石发育、出露齐全,在已知的世界地质公园中独一无二。此外,在新元古代早期的细碧岩中发现了典型的枕状构造群,这对研究地球25亿年至5.43亿年的演化发展特征,有着极为重要的科学价值。在庐山发现的第四纪冰川遗迹及其冰川堆碛物,种类齐全且较为典型,庐山曾发生的四次亚冰期均可与欧美的一一对比,庐山的第四纪冰碛剖面是海洋性山麓冰川遗迹的标准剖面,也是国内第四纪冰碛层标准对比剖面,对研究地球第四纪的气候变化极为重要。庐山几乎包括了"庐山变质核杂岩"构造的全部范围,岩石组成的要素发育齐全而典型,紧邻地区形成了古鄱阳湖盆地等构造特点。

(二) 地貌

复杂而多样的地层岩石构造造就了庐山的独特地貌,由断块山构造地貌景观、冰川剥蚀地貌景观、流水侵蚀地貌景观"三位一体"构成的复合地貌景观罕见且为庐山特有。

断块山构造岩石中普遍有密度较大近于直立的 X 型剪切节理,形成庐山高大陡峭的悬崖、嶂谷,如五老峰悬崖、秀峰悬崖等。庐山保存了较为完整的第四纪冰川遗迹,叠加在断块山构造剥蚀地貌上,发育成包括冰斗(如大坳)、冰窖(如芦林湖)、角峰(如太乙峰)、"U"形谷(如大校场)、刀脊(如牯岭刀脊)等典型冰蚀地貌景观(图5.1、图5.2)。侵蚀作用和地貌在不同海拔均较为显著:在海拔1000米以上,新近纪至更新世的构造剥蚀地貌又明显叠加了冰蚀地貌特征,多呈现为尖锐的刀脊或角峰,山谷宽缓平坦;海拔500～1000米,"U"形谷多数与嶂谷叠加,谷壁常近于直立,十分壮观,构造剥蚀及(流水)侵蚀作用较为显著,悬崖、嶂谷、岩坎、瀑布、壶穴、碧潭都十分发育;海拔低于500米处,主要是流水侵蚀作用而形成的山丘与洼地相间的侵蚀丘陵地貌单元。山麓冰川堆积垄岗地貌单元叠加在庐山山麓地带丘陵地貌上,构成独特的"石河"景观,分布范围直至鄱阳湖滨——长江近岸。山麓鄱阳湖滨,遗留着次冰期时由古季风环流造就的风沙丘群。

总体上庐山南北地貌迥异,上下地貌亦大不相同。山北部是古冰川地形,山岭狭长、谷地宽广,岭、谷相间,并列平行,自东南而西北,排列得好像分开的五个手指;南部主要是流水侵蚀地形,多奇峰峻岭。900～1000 米以上的山顶,岭狭谷宽,开阔平坦;900 米以下的山坡是窄岭深谷相间并行的峡谷地形,瀑布多分布在 900 米以下的悬崖峭壁间。

图 5.1　大校场冰川"U"形谷①　　　　图 5.2　牯岭冰川刀脊②

每种构造地貌本身也较为独特:庐山断块山有山无脉,与相邻的湖泊洼地有着密切的生成联系;庐山第四纪冰川剥蚀地貌景观不但种类齐全而且形象较为突出,海洋性山麓的冰川类型明显区别于阿尔卑斯山(欧洲)、落基山(北美洲)的大陆冰盖山岳型冰川,具有类型意义。中等体量的庐山拥有极为丰富的地貌,不仅有着很高的科研价值,也是支撑庐山自然美学价值和庐山风景空间构成的物质基础。

(三) 水文

长江、鄱阳湖、庐山紧密相连,构成了此处"山、江、湖"三位一体的基础水文特色。庐山山体的地质岩层多为不透水的隔水层,非含水层,山体四周则是主要的含水断层带。在断裂破碎带处,有时会出现流量较大的上升泉。当断裂切割地层深度较大,与地下热源沟通时,能形成温泉,如星子温泉、赛阳报春泉等泉水多分布在庐山周边。受地质构造和岩性的影响,庐山地表径流发育,在山体范围内,长年不断的河流共有 40 余条。庐山为纺锤形独立断块山,地表溪流呈放射状排列,上游沿溪常有瀑泉、碧潭;中游多为嶂谷,少数峡谷,幽奥神秘;下游因有冰碛泥砾分布,急流将泥沙冲走,仅剩巨大的漂砾,布满河床。加之悬崖峭壁多,沟谷成群,雨量充沛,植被茂密,所以庐山飞泉瀑布特别发育,著名的瀑布多达 20 余条,并且几乎所有瀑布都具有由上段"石门"形出

---

①② 两图来源:马志飞科学网博客,https://wap.sciencenet.cn/blog-258217-246873.html?mobile=1。

水口、中段瀑布主体、底段壶穴碧潭构成的三段式结构特征。庐山水文条件形成的水体景观分布如图5.3所示。

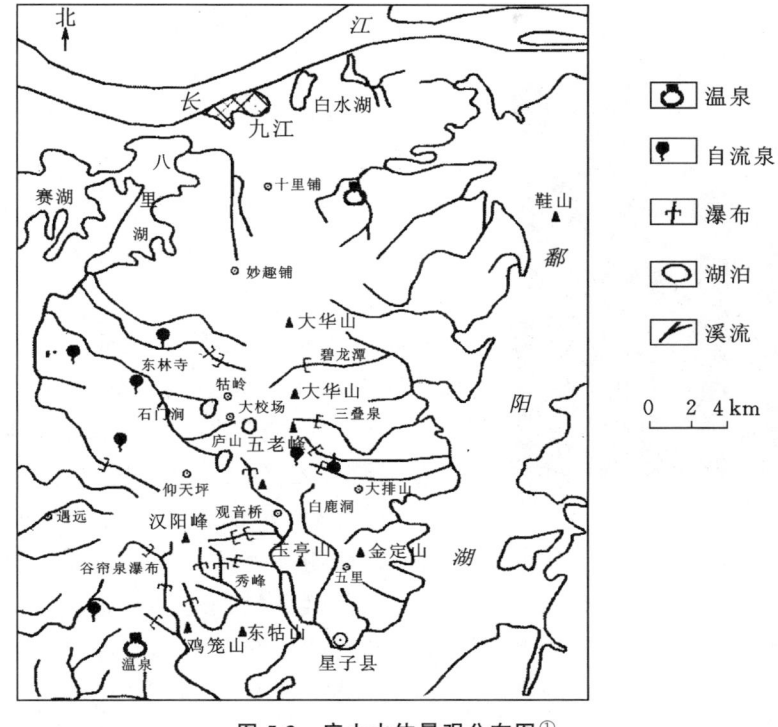

图5.3　庐山水体景观分布图①

（四）气候

庐山具有鲜明的亚热带湿润山地气候特色，春晚秋早、夏短冬长，四季分明，霜期长。降水丰沛，随海拔增加而增加，光、热资源随海拔增加而减少。庐山拥有独特的多雨云雾气候景观，庐山年均雾日为190.6天，多则可达221天；雨量充沛，年平均降水量大于1400毫米，年降水天数多达172天；全山湿度大，历年平均相对湿度为76%～78%，全年日照仅1924.4小时。庐山云雾是大自然的神奇造化。由于它位于西南暖湿气流与北方冷空气交汇的首冲之地，加之山体高耸、襟江临湖，独特地理位置使其水汽充沛，易生成层积云。在山谷风气流的作用下，层积云沿山谷的陡坡悬崖上升，当云层越过峰顶时，再加上山顶植被发育，气压高，与山上冷空气相遇后促使云流从山顶直泻山谷，形成瀑布云。悬崖深谷特别发育，每条山谷中都有不同角度的山谷风流向，云雾上上下下的时间也有所差别，造就了庐山云海变幻莫测，甚至出现"云团大战"的奇观（图5.4）。

庐山气候垂直分带较为明显，山上和山下形成明显温差。作为庐山主要居住区的

---

① 张信，项新葵，2004.中国国家地质公园：庐山[M].上海：中国地图出版社，中华地图学社.

图 5.4　庐山云海景观（宋江宝/提供）

牯岭地区，平均海拔 1100 米以上，比山下的九江城高出千米，年平均气温 11.1 摄氏度；加上庐山周围的长江和鄱阳湖蒸发大量的水汽，以及庐山的森林植被良好等因素，牯岭地区 7 月份平均气温 22.8 摄氏度，比山下低 6 摄氏度。

（五）生物多样性

庐山凭借独特的地理区位、多样的地质地貌和得天独厚的气候条件，孕育并保存了庐山丰富的生物多样性。庐山为孤立生态系统，有着特别的植物发育历史，植物区组成交汇性明显。庐山植物区系的主要特点是植物区系的特有现象丰富，这是生物多样性的重要体现，其中特有植物具有起源古老、新老特有种并存的特点。自 1934 年中国第一个真正意义上的植物园在庐山建立以来，庐山的植物标本已广泛分布于全国各大植物标本室。庐山复杂的自然条件使许多植物更有条件保存下来，本土植物中各类珍稀濒危植物有 200 余种。此外，复杂、多样的生态环境也为昆虫、鸟类和兽类提供了良好的生存环境。庐山是广阔的长江中下游大平原上野生动物的天然"避难所"，动物种类特别丰富，尤其是珍稀濒危物种。

地质、地貌、水文、气候、生物多样性等自然环境的综合作用，共同造就了庐山的钟灵毓秀之美。

二、山顶聚居的自然条件

人类将庐山的地理位置、地质条件、气候、植被等综合起来，创造了一个利用自然、营造山顶聚居环境的典范。

早在明代时，庐山居民就开始利用庐山地质岩层建造房屋。更为罕见的是在山顶居住，庐山山顶的牯岭镇被誉为"云中山城"，其形成确实得益于该处的自然环境。李四光先生不仅注意到庐山的地质环境，还进一步洞察到自然对人类生活可以产生重要影响，并把庐山作为最能说明这一点的例证。他指出，地质构造塑造了这一带山岭和谷地相间分布的地形，北面山岭能够抵御寒冬风雪的侵袭，南面豁达的谷口能够获得充分的日照；平坦宽阔的谷地、山谷间众多的溪流、丰沛的雨水及繁茂的植物，为建造较大规模的住宅群提供了适宜的条件；同时，地质岩层易于开采，且岩性极适于用作建屋的主材。这些充分阐述了庐山（牯岭）作为人类聚居场所极为罕见的独特性。

庐山的气候使其成为长江中游的清凉世界，气候条件不仅决定了庐山的自然景观特色，也极大地影响了庐山城镇的发展。近代庐山的开发与庐山独特的避暑功效密切相关。庐山的宜居生活环境是庐山人文历史的载体，是与中华民族精神和文化生活紧密相联的文化景观。

三、文化多样性的自然多样性源泉

庐山的自然环境具有高度集中的多样性,是其高度发育的庐山审美与艺术的物质基底和源泉。

庐山山体体量中等,但由于其襟江带湖,在平坦的长江与鄱阳湖边崛起,主峰海拔1474米,与鄱阳湖滨的海拔(仅为25米左右)在相对高度上形成了一山独峙的高峻之势;从水面远眺,更显其凌空而起的雄姿。

庐山具有典型的季风气候特征,同时具有东亚季风控制下的山地小气候特色。垂直温差大,受特殊地形等自然因素影响,微气候变化多样,这是产生庐山云雾、"佛光"等自然景观的客观环境条件。庐山的复合地貌景观、特定的地理区位、地质特征、气候、水文条件综合起来,形成了庐山雄奇美与秀逸美天衣无缝相统一的独特自然景观。形态各异的奇峰地貌、悬崖嶂谷、巉岩怪石、洞穴、瀑布、泉水、碧潭等,种类齐全且高度集中于体量不大的庐山,成为庐山美学艺术多重性的源泉。

在历史长河中,庐山自然基底高度集中的自然多样性吸引、吸附了古往今来的多元文化,孕育和支撑了庐山的文化多样性,被人们赋予太多文化意义,终成为一座人文圣山。

四、科学认知的自然物质对象

庐山是许多地质学、植物学的重大自然发现地,具有作为科学认知对象的自然价值。

历来登临庐山的人们都不禁对庐山的物质特征、自然现象产生兴趣,关于庐山种种自然现象的记载和解释很多,这是庐山古代自然的文化特色。例如,朱熹在《九江彭蠡辩》中客观评述了庐山及周边的地理情况,而徐霞客等人的庐山考察则更具有真正的科学意义。

古往今来,庐山独特的地质地貌吸引了众多国内外学者前来进行地质考察与研究,不断挖掘其地质学价值。虽然明代地理学家徐霞客的《游庐山日记》,清代学者查慎行的《庐山志》以及毛德琦的修编等游记、志书中的相关地质记载不属于现代意义的科学研究,但著者对庐山地质地貌价值的重视与今无二。1868年,德国著名地理学家李希霍芬(Ferdinand von Richthofen)到庐山考察,并命名了"观音桥花岗片麻岩"。1931年,李四光先生在庐山发现众多第四纪冰川遗迹,并于1933年勘探、绘制了庐山的首张地质图,发表《扬子江流域之第四纪冰期》论文,庐山遂成为第四纪冰川学说的诞生地。地学考察对庐山地层、岩石的命名,以及围绕冰川学说的争论已经超越了地质学范畴,成为一种文化现象。1988命名了庐山古元古代星子群,1993—1994年首次发现并厘定庐山变质核杂岩,都引起过地学界的巨大震动,吸引了众多国内外地质学家来探究这个"华南大地构造"窗口。庐山就是地质学研究的一个宝矿,不断为全世界探究地球奥秘的人们贡献丰富的地质科学价值。

晋代周景式《庐山记》中记载古人发现了庐山温泉。唐代白居易在《题庐山山下汤泉》一诗中已提出了温泉的功用问题。宋代朱熹在《温泉》诗中提出了对"硫磺"与"温泉"关系的思考。明代李时珍系统总结了庐山温泉的医用价值。近代,李四光先生从地质科学角度解释了庐山温泉的成因。

明代李时珍在其巨著《本草纲目》中记载了庐山本草 9 种,新增"石炭、瑞香、金鱼"3 种,这拉开了庐山植物科学研究的序幕。清代,吴其濬开中国植物志之先河,登上庐山考察丰富的植物品种。100 多年前,庐山就已成为国内外采集生物标本的重镇,英国、美国、德国、澳大利亚、芬兰、印度、日本等国的植物学家都曾来庐山采集植物标本,许多采集到的新种以"庐山"或"牯岭"命名。1933 年,胡先骕为吴宗慈编撰的《庐山志》撰写了《庐山之植物社会》和《庐山重要植物志略》两篇专文,这是系统研究庐山植物的开始。1934 年庐山植物园建立,植物研究遥遥领先于我国其他名山。

科技方面,始建于宋代的观音桥,利用庐山山石以榫卯结构建桥,横跨近 30 米的三峡涧,是中国和世界桥梁史上的杰作和我国古代造桥技术精华的体现。

这些重要的自然发现对人类认知地球物理、人类生存的环境演变规律具有重要意义,体现了庐山对于人类自然科学认知的发展具有重要价值。人们对庐山自然的科学探索,成为一种无形的精神传统和庐山价值体系的一部分。庐山自然的价值因为人的科学认知活动而确立。庐山今天仍是国内许多高等院校地理、地质地貌、植物学等专业学生的野外考察实习基地,对自然价值的探索已成为传统。

五、自然与人工共造的生物多样性

庐山的生物多样性亦是人文与自然相互作用的产物。

自然地理禀赋孕育和保存了庐山丰富的生物多样性,中国植物学的先驱们成就了庐山在中国植物学发展史上的开创地位和近代林业史上的重要地位。其后,长期的引种驯化活动,又影响、改变了庐山的生态和生物多样性,特别是庐山的植被。庐山植被类型复杂,既是自然环境使然,也与历史上人为的干扰分不开。我国近代植物学奠基人之一的胡先骕先生称之为"庐山之植物社会"。一方面,长期的经济活动不断利用、改造着庐山原生植被,人工、半人工及半天然植被不断发育,外来物种不断被引入;另一方面,在文化的作用下,传说中的名木嘉卉、奇葩异草等植物得到了有力保护。其中一些因与名人有关而声名远播,有的还具有极高的经济和观赏价值。古树名木和珍稀濒危物种,作为活的历史文物和乡土风景资源的典型代表而得以保存。古树的生长和地带性分布也是长期适应自然环境的结果,是自然历史进程的活的见证,对于探索自然地理环境变迁,植物区系的发生和发展,以及监测人类活动对自然环境的影响有着特殊价值。庐山拥有体现人工栽培、引种驯化等科学技术发展的珍贵标本。庐山植被是在保护中破坏,在破坏中建设的结果,呈现出古老原生植被与次生植被共存、天然植被与人工植被共荣、本土植物种与外来种共处的生态景象。这充分体现出庐山文化景观的自然生态价值的人文性和动态性。

此外,庐山生物多样性不仅是支撑庐山文化景观的绿色保障,还是科学考察研究、院校野外实习的重要基地。近百年来,植物学、动物学、昆虫学等学科专家陆续来庐山考察研究,培养了一批批科学人才,使庐山生物多样性具有了社会教育价值。

综上所述,地球演进和大自然的鬼斧神工造就了庐山独特的自然基底,没有这个基底,就没有庐山人类活动的发展和庐山历史文化的繁荣。自然成为庐山人的"生活世界"的一部分,是马克思所说的"人化自然"。因此,庐山的自然基底不是普遍、泛化意义的自然现象,而是独具个性特色的文化现象,在和庐山人文的结合点上体现其独有的价值。庐山的自然价值是庐山文化景观价值体系的重要构成部分,是庐山文化的重要载体。

第二节 自然利用的聚居智慧及情感依恋

庐山文化景观的孕育,首先得益于庐山自古以来就是宜居之地。

庐山位于长江和鄱阳湖的交汇点,尽得地利:凭借舟楫之便北上,可以通过江汉平原进入中原地区、关中地区;南下可以直达两广,东边是富庶的江浙地区;往西可以直上洞庭湖平原,入巴蜀之境。优越的地理位置和良好的环境、气候、水土条件极适宜人类生存和居住,吸引着南来北往的旅人驻足,从而营造出一片休养生息、安居乐业的乐土;同时,也使得庐山的文化在形成过程中逐渐烙下了南北交汇的多样性和更迭兴替的迁移性。

庐山地区的聚居活动很早就从生存层面提升至人文范畴。远古时代的钟鼎文中,"庐"即指依山傍崖建造的房屋;商代以"庐"字来命名这座大山,这是人类有了稳定的居住空间,狩猎能力较强,并产生了原始农业的标志之一;也是对人类生存空间、生存方式与山建立联系的形象表达,将劳动者对祖先的创造——房屋的崇拜,寄托在这座秀美巍峨的大山上。"庐山"的命名十分形象地体现了"庐"与"山"的关系,即人类以山为庐(居所)的居住方式,以及人们在经济上依赖于庐山自然环境的现实,这昭示出中国风景名胜区历史上第一个社会经济命题,庐山之名从产生开始就将自然与人的物质生活和精神生活紧密关联在一起。

庐山的人居活动,最早可以追溯到6000年前的新石器晚期。考古学家在庐山山麓地带发掘出人类遗迹,据推断,九江县(今江西省九江市柴桑区)出土的西周至春秋时期的文物上面有"田"字纹饰,表明古代越族先民一直围绕着庐山进行早期生产劳动。至少从秦汉时期起,庐山地区已有比较稳定且成规模的居民定居。例如,庐山周边地区的永修吴城镇,至今已有2200多年的历史,其最高常住人口曾达7万。东晋时,江州成为政治军事重镇,各阶层人物频繁往来于此地。唐朝时,豫章发展成为江南大都会,南康古邑亦得到发展,尤其是唐中晚期,庐山备受人们青睐。庐山及周边地区的居民中,既有世代居住于此地的,也有不断迁徙而来的外来人口。大体上,东晋时,庐山山顶人迹罕至,人们主要在生态完好、人口稀少的庐山脚下一带活动;从东晋南朝直至唐宋,平民百姓主要居住在庐山山麓及周边地区,几乎未见有居住在山上的;而僧人、道士和文人隐士则是最早盘踞于庐山山南山北、山上山下的群体。近代以来,西方人强占牯岭,中外权贵聚居庐山山顶,形成了华洋各类人群杂居共处的局面。中华人民共和国成立后,山顶发展为繁华的"云中城镇"(图5.5)。

图 5.5　牯岭镇(李敏/提供)

一、农耕利用的传统生活

庐山气候宜人、交通便利,吸引四方居民聚居到庐山脚下及周边地区。在庐山居住的平民,既从事农业,也从事流动性大的工商业和运输业。由于庐山及其周边地区的生产和生活方式处在不断变化之中,从事工商业和运输业的居民所占的比例很大。宋代时,江州(今九江)为鱼苗捕捞中心。到了明清时期,庐山地区亦农亦商的经济更加繁荣,商业经济的主导地位已对传统农业经济模式和老百姓生活产生了深远影响。

伴随庐山地区经济、生活方式及日常生活生发的平民文化是庐山地方历史文化的组成部分。这一文化体现在以星子方言、九江方言为主的地域方言上,体现在云雾茶制作、金星砚制作等自然资源的开采及利用技术上,还体现在闹龙灯、天花圣会、偷秋、星子"十大碗"等民俗和地方风俗中。老百姓在劳作时鼓劲助兴的"打鼓歌"在武宁、修水等地广为流传。商业的繁荣也促进了庐山地区与周边地区的文化交流,使戏曲文化得以繁荣。弋阳腔、海盐腔、昆腔曾在这里驻足,青阳腔、采茶戏、黄梅戏在这里融合发展。同时,在傩戏、地方小调的基础上,催生了本土的宁河戏、丫丫戏等剧种。其中,九江青阳腔在嘉靖、万历年间传入九江,并扎根下来,在当地文化生活中发挥了重要作用。这些庐山"腔调"以对祭祀活动的深入参与维系着乡土信仰,以其文雅的唱词和依字行腔的唱法担当了识字教育的功能,并通过其平民色彩丰富了民众的娱乐生活。它们是居住在庐山地区的老百姓在生产、生活或流动、迁徙变化中,获得家庭、家族和地方认同感的方式,也是本地普通景观的重要构成内容。

二、营造佳境的隐居生活

一千多年来,中国文人大都怀揣着"桃源梦想",徜徉山水之间。庐山地区既拥有舟楫之便,又富集湖光山色,而且在历史上远离中原统治中心,政治色彩相对淡薄。其名称的来历与隐逸事迹有关,正是符合隐逸文化特质的"在野之山",有比较浓厚的隐逸文化传统,是隐士隐居的理想处所。优美的自然环境、闲适富庶的生活条件及底蕴深厚的文化,吸引了一代又一代隐士前来隐居。在先唐隐逸史上,庐山高居20座隐逸名山排行榜之首。

文人在庐山隐居的现象始于汉代,魏晋时期迎来了中国隐逸文化的高峰,庐山成为士人竞相隐居的胜地。其中,"翟家四世"(翟汤、翟庄、翟矫、翟法赐)和"浔阳三隐"(周续之、刘遗民、陶渊明)最为有名,他们与传说中的匡俗一同,开创了隐居庐山之先河。陶渊明隐居庐山20余年,死后亦葬于庐山脚下,是隐居庐山的文人代表。东晋以后历代,到庐山隐居的士人络绎不绝。晋末宋初,宗炳入庐山,伴慧远创办的莲社筑室隐居。隋代智光晚年回归庐山,屏绝人事,最终在山舍中离世。唐代大诗人李白一生游历过许多名山大川,终于在56岁时实现了在庐山五老峰"巢云松"隐居的夙愿,筑起"太白读书堂",过起了隐居生活。诗人元稹避世来庐山,在五老峰下的相辞涧建造了溪亭。另一位唐代大诗人白居易贬官江州时,也在庐山建起了草堂。宋代理学奠基人周敦颐,初游庐山便"一见钟情",晚年更是退隐庐山,最终葬于庐山北麓栗树岭。北宋诗人孔平仲的诗也生动地描写了他在庐山清静闲适的隐居生活。

隐居之士怀着不同的原因、目的和心情来到庐山。有的遵循孔子提出的"道隐",在此求志待时,如唐朝的杨衡、李渤兄弟;有的追寻庄子之道,长隐庐山,淡泊自守,如南朝的宗测、唐朝的胡汾;有的在庐山山林泉石间,坚持寻求个体存在和价值的文化理想,如"浔阳三隐"、李白、元结等;有的参禅礼佛,如名僧慧远;有的炼丹求仙,如著名道人陆静修;还有的开办书院,传播文化,如周敦颐。唐代以后,大部分隐士以仕宦作为隐居的直接目的,地理位置上远离政治中心的庐山在隐逸名山中的地位有所下降。尽管如此,在历史长河中,曾有如此之多的中国文化高隐之士隐居庐山,庐山依然堪称"隐逸德镇"[①]。

隐居人士利用庐山风景优美的自然条件,设计并营造隐居之所。五老峰、香炉峰等处,因附着了士人们的文化艺术修养,成为代表中国传统隐逸文化的景点。庐山的自然环境滋养了隐居人士的身心,进而激发他们进行山水诗、画、园林等山水艺术创作,为中国山水文化作出了巨大贡献。前代著名隐士曾居住的地方,往往被后人追随,后代隐士对隐居地的选择体现了对前代文化的继承和价值认同。虽然隐居庐山的古

---

① 曹虹,2007.中古庐山隐风与后代遗民诗境[J].江西社会科学(1):68-74。

迹大多已不复存在,但传颂千年的诗篇、建筑及园林环境营造的思想和手法、命名的自然景物等,共同缔造了庐山作为理想隐居地的意象,形成了庐山隐逸文化强烈的历史感召力,深深吸引和影响着一代代追寻林隐的人们持续不断地为庐山注入中国传统山水文化价值,使得庐山的人文价值积淀越来越深厚。

三、牯岭开发后的华洋杂处生活

近代,牯岭一带遭受了西方文化的入侵,并被统一规划开发为避暑胜地,从此,庐山失去了往昔怡然自得的清静山居风貌。

第二次鸦片战争后,西方商人、传教士获得了进入九江地区的机会,并登上了庐山。1885年,俄国商人最先登上庐山,并租用九峰寺;接着,英国传教士李德立于1895年租借牯岭长冲地区;1897年,俄国东正教牧师尼娑盗买了芦林地区;1898年,美国传教士海格思租用牯岭医生洼地面;1914年,法国传教士梵提爱租借了庐山狗头石地面等。这些人当中,英国传教士李德立成为推动牯岭开发历史进程的第一人。他于1895年租下长冲一片风景绝佳之地,给自己建屋避暑,并根据"牯岭"的汉名和英文"COOLING"(清凉)之意,将此地命名为KULING。他还邀请英国和德国的工程师,按照自然式花园城市设想对庐山进行了全面规划和开发建设。同时,他成立了牯岭公司,将地皮划成片、编号并面向全球出售,吸引了法国人、俄国人、美国人等纷纷前来购置。到1927年,山上已有别墅560栋,1933年达到848栋,居住着来自世界18个国家的居民几千人,使庐山成为世界著名的避暑胜地。

牯岭避暑胜地的开辟,给庐山带来四个显著的变化:第一,景观环境变化。建筑类型由原来的寺、观、庵等宗教建筑,发展出了民宅、别墅、教堂等多种形式,尤其别墅风格多样。现存的庐山别墅就荟萃了中国、美国、英国、德国、瑞典、日本、法国、芬兰、挪威、丹麦、俄国、加拿大等18个国家的建筑风格,形成了一个世界别墅建筑艺术博物馆。第二,居住主体改变。随着上庐山避暑成为一种风尚,商贾权贵蜂拥而至,仿照西方建筑样式建造别墅,牯岭镇成为避暑旅游的人口聚集地。常住人口也由原来的寺观僧人道士,发展为包括洋人在内的社会公民,这些人是庐山山顶的第一代居民。20世纪初,庐山已有来自世界各国的居民数千人,居民的国籍分属19个国家,形成了一个具有相当规模、欧亚美洲多种文化共处一山的"世界村"。第三,经济生活变化。从民国初年起,每年有2000左右的外国人来庐山避暑、游历居住,常住人口也达到了1000人左右。各种旅游服务设施如旅馆、饭店、商铺、图书馆、医院等如雨后春笋般涌现,并且都带有明显的西方文化特色,形成了具有西风东渐特点的云中山城。同时,在租借地以西,为了配合洋人的生活和建设需要,也形成了中国人自己的城镇。商业及其他各行各业发展起来,以服务行业为多。山上避暑、康疗养及学习、娱乐、游览种种生活所需设施,一应俱全。牯岭成为以近代休闲旅游经济为基础发展起来的城镇。第四,民风民俗的变化。随着当地居民与外国人的接触增多,学习英语的人逐渐多起来。西式的称谓和交际方式开始流行,庐山当地居民的起居饮食等种种习惯出现西式变化,婚丧祭礼也杂采西方仪式，特别是教会仪式。这种风气从庐山开始流行，逐渐风行全国。本地居民原本淳厚俭朴的风气逐渐消失，浮靡之风开始抬头。

牯岭开发导致了庐山文化景观的质变，其结果——牯岭风景聚落在中国具有独一无二的意义和价值，体现在以下四点。

其一，牯岭风景聚落是在外部力量作用下，近代西方殖民势力"登上"中国名山之巅的唯一见证，具有强烈的政治象征意义。

其二，庐山山顶作为宜居胜地，人的生活世界与自然在高海拔上相融合。人类利用牯岭一带的自然条件，精心规划、设计和建造了一座云中城镇，其间的别墅群落是山地别墅最典型的代表，数量之多、面积之大在中国绝无仅有。中国名山众多，但只有庐山发掘出了人类长久居住山顶的自然价值。牯岭镇是人与自然相互作用创造的杰出作品。

其三，牯岭聚落是近代中、西景观文化碰撞、交流的产物，它展示了人类历史文明、文化与自然的完美结合。它是西方文化在庐山的自然地理和人文环境中落地的物化表现，是外来文化与本土文化共同作用于自然环境的成果。庐山的命名巧妙地将汉字的形象思维与英语中可表达庐山气候特点的词的谐音相结合；牯岭的规划（图5.6）也体现出当时西方较为先进的"风景建筑""国家公园""花园城市"等规划设计理念在中国传统文化名山之巅的一次创新，与当时世界公认的芝加哥滨河区规划、约塞美提公园规划相媲美。聚落中的社会机构如图书馆、学校、医院、教堂等公共设施，也是西方现代文明在牯岭"移植"物化的结果，是中国传统名山大川所不能想象之物。别墅建筑群是中国老百姓利用自然、建造房屋的智慧结晶，它们继承了欧洲建筑传统，采用石头建造；而庐山女儿城的砂岩也为这一传统在庐山的传承、发展提供了材料；所有这些条件全靠中国工人的智慧、双手和汗水实现。来自湖北大冶的石帮工人、来自湖北黄梅和江西湖口的木帮工人，以及以当地山民为主的泥水帮工人采用中国的传统工艺建造。石工号歌是石工集体劳动时必不可少的声音，民国诗人徐志摩曾创作《庐山石工歌》诗篇。20世纪80年代，在牯岭出生并从小在庐山长大的美国著名钢琴家弗朗西斯·鲁茨·哈顿（Frances Roots Hadden）夫人，凭着对石工号歌的童年记忆，创作了钢琴双重奏《庐山组曲》，谱写了半个世纪前庐山牯岭山镇的风土人情，使已消失的石工号歌在钢琴曲中永生。

其四，牯岭开发大力促进了庐山交通的发展。在开发过程中修筑了九江通往莲花洞的公路和自莲花洞至牯岭的登山道，为庐山打开了一扇通往外界的大门；同时打通了通往大林寺、仙人洞、黄龙寺、含鄱口、五老峰等在古代只有僧、道及文人等少数人观赏的景点的道路，为庐山成为世界著名的风景名胜区打造了很好的基础设施条件，使庐山的避暑休闲、游憩观光功能及其价值更加凸显。

四、旅居和休疗养生活

庐山宜居宜游的环境，历来既吸引着四方游人前来观光游览，也令远近居民心驰神往，纷纷选择到此暂住小憩，修身养性。

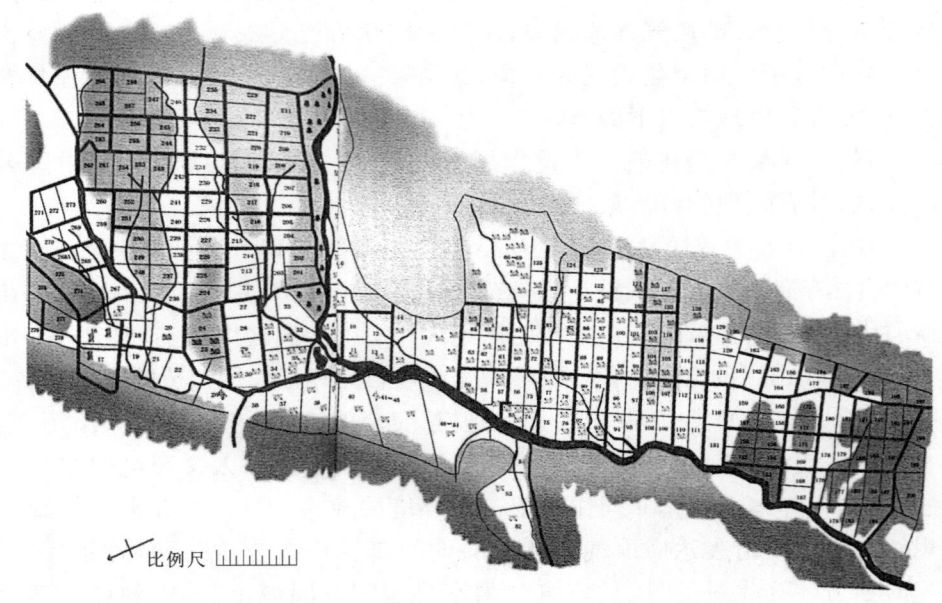

图 5.6　牯岭东谷规划图(1905 年)(谢玲超/提供)

东晋山水诗人谢灵运曾写他到庐山彭蠡湖口①小住。唐代诗人杜荀鹤描述过自己游至庐山乐不思蜀的情景。唐代诗人贯休到庐山,情不自禁要以青山为邻,与猿猴做伴,长做庐山人。北宋政治家范仲淹游历庐山时,触景生情,流连忘返。根据诗文粗略考察,历代文人旅居庐山的地点主要有:彭蠡湖口、香炉峰、五老峰、石门涧、西林寺、归宗寺、东林寺、秀峰寺、白鹿洞、栖贤寺、含鄱口、黄岩寺、太乙峰、青玉峡、玉帘泉、三叠泉、大孤山等。这些自然环境经过文人的艺术创作加工后,大都发展成为后人追慕的名胜之地。

近代,随着九江成为开放城市,庐山的区位条件更显优越,吸引了几乎整个长江流域的人口季节性前来庐山避暑度假。庐山牯岭经过西方人的开发经营,成为商业化的避暑休闲胜地。1927 年北伐战争后,牯岭西方人租借地范围内的建设趋于缓慢,租借地外则大规模建设别墅,中国军阀、富豪大量涌上牯岭。与此同时,为接待那些在山上没有别墅而又携全家到庐山来避暑的中外人士,牯岭镇开始出现一批中西式旅馆,供旅人就地租赁。庐山山居生活变得十分便利,甚至胜过山下九江等城市,作为现代疗养胜地已经颇具规模。到庐山来避暑休养的人士,也由初期西人占主导、国人较少,逐渐变成国人占主导,游客也从以西人传教士及其家人为主逐渐转变为以本国政要、军阀、商贾、富豪和文人为主。庐山遂成为一个现代化的避暑、疗养、度假胜地。

中华人民共和国成立后,庐山长期作为中共中央机关、国家各大部委的办公和休

---

①　彭蠡湖,今称鄱阳湖,"彭蠡湖口"一般指鄱阳湖与长江的交汇处,并不在庐山中。然而古代文人墨客常在其作品中提到从彭蠡湖口眺望庐山或经过彭蠡湖口前往庐山的情景,因此本书将其视为与庐山相关的景点。

疗养之地。1953年,在山南环山公路沿线发现了水质极佳的温泉,中央卫生部和苏联疗养专家提出要把已具疗养功能的庐山建设为"疗养城"的构想。当时到庐山来疗养避暑的,主要为国家领导人、社会各界上层人士,以及全国劳动模范。与此同时,中共中央机关及国家各大部委机关纷纷到庐山建设供本部门使用的疗养和短期办公的基地,形成诸多自成一体、大小不一的"避暑大院"。改革开放以后,庐山政治接待、会议和部门休疗养活动的规模和级别都有所降低,逐步对普通民众开放。1982年,庐山被批准为国家级风景名胜区;1982—1996年,庐山完成了由领导机关休疗养区向旅游观光区的跨越转变,自此,庐山成为满足中外游客观光旅游需求的休闲度假胜地(图 5.7)。

图 5.7　在庐山如琴湖观光的游客(李敏/提供)

五、山顶聚居的日常生活

中华人民共和国成立后,庐山的归属和社会性质都发生了根本变化。历经千年发展,庐山地区聚积众多村落,环绕于山体周边地区,沿环山公路展开,伸向鄱阳湖。部分村落顺山谷深入山体内部,形成若干规模较小的聚居点。山体中还分布着垦殖场及林场职工聚居点。山顶牯岭镇常住人口有一万多人。

世代生活在庐山本地的居民,他们及其祖辈,无疑是庐山景观的"创作者",是庐山文化景观内涵中极为重要的组成部分。对庐山本地居民的调查显示,除旅游者外的其他在山各利益相关群体都与庐山建立起不同程度的情感依恋,赋予了庐山作为"山上家园"的象征意义。这些社会群体对庐山的宜居价值最为认可,"庐山居民"是庐山管理者、旅游从业者、在山宗教人士等群体的一个共同身份。对于他们而言,庐山不仅是居住、生活、工作的场所,更是他们的"家"。受访者纷纷表达了他们对庐山作为理想居所的喜爱之情。庐山提供了好的生态环境、宜人的气候、健康的生活以及安全感,不仅自然环境优越,人文环境也同样宜人。

然而,在庐山居住三代以上的家庭并不多。自本人开始在庐山居住的人中,因工作等原因进入庐山生活的新居民,占比接近三分之一。调研显示,虽然同住庐山,在山的各群体人员被无形中分为了"庐山人"与"外来户"两个次群体,两者都与庐山建立了"家园"的情感联系和场所认同。土生土长的"庐山人"将庐山视为故乡、家园、根及归属感的源泉,对庐山有一种从出生的社群中获得的根基性情感联系。庐山社区是他们温馨、安全的"家"。而那些因工作等原因在庐山生活多年的"外来户",同样与庐山建立了情感关联。对于他们而言,庐山不仅是生活的经济来源,也是第二故乡。在山的宗教人士均表达了对现居住地庐山的感情。庐山居民后代,辛亥革命元老之一黄申芗的曾孙曾到庐山寻根问祖。他讲述的家族史不仅涉及名人故居等物质遗存,还涵盖了个人历史、家族精神的传承和家族记忆等方面。

近代以来,庐山被西方殖民力量发掘出了居住场所的功能和价值。通过长期的、广义的"居"的行为,各群体不仅与庐山的自然建立起场所联系,产生了视庐山为"家园""故乡""归宿"等故土情结,而且对庐山的自然感知和体验已成为山上居民日常生活中无意识的部分。这影响着他们的生活和社会交往方式,以及生活节奏,形成了属于庐山的不同"小圈子"群体和"熟人社会",产生了基于场所依恋的归属感及社区认同感。情感的注入将庐山塑造成了独特的山居和乐居地。

第三节 "教以山传,山以教显"的宗教建构

庐山山中人迹罕至的状况直到清代仍未彻底改变,山中生活困苦,固定的世俗居民数量极少,最早开发庐山的群体是僧人或道士。从公元4世纪起,庐山的佛教与道教便在相互竞争中共同进步,同时在发展过程中又吸收并融合了儒家思想。到了近现代,庐山还吸纳了基督教、天主教、东正教、伊斯兰教等外来宗教文化。庐山成为"宗教圣山"的过程漫长而独树一帜。庐山的宗教文化不具有强烈的儒家传统意味,而是得外来文明风气之先,各种主流宗教文化在庐山得以传播,并进一步向长江流域扩散。"教以山传,山以教显",宗教与庐山相互成就,彰显了其独特的宗教价值。

一、"山水佛""理学"等哲学观的策源

(一)"山水佛"等哲学观的创构

东晋时期,许多著名译经家,如佛陀耶舍等,已经来到庐山从事译经活动,为庐山佛学思想的丰富和佛教理论的发展打下了基础,也对中国"佛教化"进程及高僧慧远的佛学观产生了重要影响。庐山的优美风光、宜人环境,及其所在地区发达的政治、经济和文化,加之便于宗教影响的传播等因素,共同吸引慧远来到庐山并在此扎根。慧远

在西林寺旁建造了龙泉精舍，并于384年创立东林寺，他在那里潜心研究和弘扬佛法36年，形成了一套融合中国传统儒、道思想要旨和民间基本道德伦理的佛教理论；又率领一百多名弟子结成白莲社，开创净土宗。庐山东林寺（图5.8）不仅成为我国净土宗的祖庭，而且是佛教徒开创宗教思想、弘扬教义的重要基地，同时也是东晋、南朝时期南方最重要的佛学研究和佛教活动中心。东林教义还传到日本，在日本扎根传播。到唐代，庐山成为禅宗等多个佛教派别的重要道场，寺庙众多，僧侣云集。然而，元代因兵火之乱，庐山佛教一度陷入衰败。明王朝十分尊崇庐山佛教，明太祖将庐山赐名为"庐岳"，并敕建多处寺庙，进一步提升了庐山佛教的地位。至清代初年，庐山有名有姓的寺庙还有200多处。

图5.8　庐山东林寺（宋江宝/提供）

　　佛教文化与庐山自然之间的相互作用及其展现的价值，突出体现在以慧远为代表的古代哲人在哲学建构方面的巨大贡献。慧远从庐山山水中汲取灵感，创构了"山水佛"的自然观，认为山水的形态可视为佛的化身，彰显佛的神圣本质。这种观念使佛的化身从洞窟中的塑像变成映射在庐山山水间的一种存在，将人们对自然的亲身体验提升至超越物质层面的佛之意象、自然的神趣和精神享受，开创了庐山天人合一文化景观的独特自然观。同时，慧远开阔、包容的思想使各种佛教理论在庐山并存，形成百家争鸣的局面，使得庐山成为中国南方佛教中心，以及历代佛教宗派交汇、佛学大家聚论及佛教哲学的衍生之地，由此构筑起了庐山哲学思想的大厦，赋予了庐山在中国哲学史上重要而突出的地位。这种宗教、哲学与自然山水的相互作用，孕育了典型的关联性文化景观，具有突出的宗教及精神价值。

　　庐山长期受道教熏陶，产生了积淀深厚又富于创造性的庐山道教文化，素称"神仙之庐"，是修隐之佳境。庐山雄伟与逸秀兼备、云雾缭绕的景色特点，具有附会神仙世界的自然条件，被列为"三十六洞天"的第八洞天。

（二）"理学"的策源地

　　宋朝学者周敦颐在庐山北麓建濂溪书院，并开创了理学研究，被尊为理学开山鼻祖。他在吸收佛、道思想精华的基础上，对孔孟学派以道德为中心的思想体系进行了重大的扩展和重塑，形成了一种新的儒学形态——宋明理学。周敦颐去世后，其弟子程颢、程颐（"二程"）继承并进一步发展了理学。在周敦颐之后，朱熹将"二程"学说发展为完整的客观唯心主义的体系，成为理学之集大成者，其学说也被视为理学正宗，对后世影响极大。朱熹倡建了白鹿洞书院，立下千年学规，并请理学另外两个分支的代表人物吕祖谦和陆九渊来讲学，理学三大派的首要代表人物在白鹿洞书院留下了清晰而深刻的思想足迹。白鹿洞成为一个研讨理学的中心圣地，庐山理学的地位大大彰显。朱熹等理学家所完成的重大思想成就——宋明理学,历经元、明、清三个朝代,曾统治中国思想界长达 700 年之久。理学在庐山的发展是哲人与庐山的又一次杰出的思想建构,具有突出的关联性精神价值。

二、名人与名山共轭关系的首创

名人与名山的共轭关系始于庐山,后来成为中国风景名山文化结构的一大特点。

自慧远在庐山从事佛教活动之后,庐山之名大盛,庐山与慧远及他的东林寺,几乎成为等义词。庐山成就了慧远,慧远把庐山推上了佛教的神坛,影响极为深远,就此开创了名人与名山之间的共轭关系。

匡俗兄弟七人在庐山得道成仙的传说流传很广。公元前 210 年,秦始皇为求长生不老,曾登临庐山上霄峰祭祀,并刻石留念。公元前 106 年,汉武帝亦至此峰祭拜,并特意在"匡俗得道之所"下诏立祠,赐其封号"大明公"。三国时期,庐山地区成为吴国军事战略要地,道教也开始在这一带传播,福建道士董奉来庐山隐居,栽杏治病的故事传为佳话,从此"杏林"成为"救死扶伤"医学精神的代名词。

慧远之后,庐山道教迎来了最有影响的道人陆修静。陆修静在庐山研读经典、传道授徒长达七年,开创了三洞教派,并构建了完备的道教体系。唐朝时,天下道士多以三洞为名,大诗人李白曾五上庐山求仙问道。宋代皇室把"九天使者庙"升格为"太平(兴国)宫",推动了内丹道教的发展,至南宗白玉蟾来庐山时达到高峰。宋朝八代皇帝还在太平宫设置了宫观使等官衔,许多丞相曾在太平宫任职,期间涌现出刘虚谷、黄知微、白玉蟾等一批道学精深、才识俱佳的道士。清初,木瓜洞道士石和阳则以德性与心性修养的归一,体现了"三教合一"的最高境界。

宋朝周敦颐和朱熹在庐山开创了理学与书院相结合的新模式,使儒、道、佛三教在庐山成三足鼎立之势。周敦颐、朱熹等人在庐山的学术活动,在中国哲学史上占据着举足轻重的地位,白鹿洞书院更位列天下四大书院之一,为庐山作为理学中心在中国教育史树立了重要的里程碑。同时,庐山也成就了周敦颐、朱熹等人的历史名人地位。

宗教名人与庐山建立的共轭关系,赋予了庐山宗教以高层文化的特性,使其影响力远远大于一般的民间宗教。庐山儒、道、佛三教的影响远播四方甚至海外,在中国和世界宗教文化史上的地位得到更为广泛的认同和推崇。

三、宗教、自然与山水艺术关联的肇始

庐山是佛教文化与中国山水和山水艺术关联的缘起,同时也是中国山水美学艺术精神形成的关键地,它们之间的联系由以下三个方面促成。

第一,庐山历史上涌现出众多学识渊博的文僧,他们在弘法传教、创寺授徒之余,畅游山水,在大自然中体悟佛学真谛,并吟诗作文,创作了大量文学作品。例如,慧远是以诗歌和散文为艺术载体讴歌庐山的第一人,他创作的《游庐山》是"庐山有题咏之始"。在《庐山诸道人游石门诗并序》中,慧远以佛教哲学美学观审视庐山大自然,使山

水与佛经在诗文中贯通,从而开启了中国山水散文和以山水诗体征佛理的先河。由他肇始,中国僧人和文人士大夫寄情山水,超然物外。谢灵运深受慧远佛学思想和山水观的影响,作《登庐山绝顶望诸峤》《入彭蠡口》等诗,开辟了山水文学的新篇章。庐山因此成为山水诗的策源地、山水文学的摇篮和山水文化的重要载体。与慧远同时代的其他庐山高僧、法师中擅书能画者也不少。

第二,慧远创立的白莲社汇集了许多当时的名士、隐士。庐山佛教深刻影响了来山文人墨客的书画风格和中国书画理论与实践。历史上一些著名诗人、散文家、书画家,如王羲之、苏轼、赵孟頫、唐寅等,都受到了庐山佛教的影响,并曾以庐山佛教为题材创作了大量诗、书、画作品,如脍炙人口的诗句:"不识庐山真面目,只缘身在此山中"。中国山水画作及中国山水画理论第一人顾恺之,首次提出"传神说",就是受到慧远首倡的"形尽神不灭"的哲学美学思想启示,在绘画理论上进行的创新。这些书画作品大多通过碑碣石刻的形式留存下来,如欧阳修书写的《西林寺碑》、白居易题写的"花径"等(图5.9)。他们在描绘庐山山水时,均透露出对佛法的感悟。

图5.9 庐山"花径"入口景观(宋江宝/提供)

第三,慧远的"法性论"为山水与佛理的融合提供了理论基础,进一步深化了山水美学观。宗炳全面继承、论证并发挥了"法性论",创立了"畅神说",在《画山水序》中提出"神思",超越了山水画传统的形神之辨,其创作与欣赏的目的已指向佛性的"畅神"。五代画家荆浩进一步提出"图真说",并绘制了代表作《匡庐图》和《雪霁望五老峰图》。他的画作成为真正意义上独立存在的第一幅中国山水画,确立了庐山作为中国山水画发祥地的地位。慧远的佛教哲学思想催生了中国画论和中国山水画论。此外,庐山道教也对中国古代文学创作产生了重要影响,与历代文人关系密切。唐玄宗建立的九天使者庙,就为李白、李渤、白居易等文人与庐山道士的交往提供了稳定的依托场所。五代时期,庐山文人与道士合流的情况更加明显,如道士谭紫霄到了庐山特别重视钻研老庄精神。李白曾携妻子来庐山求仙学道,写下充满仙风道骨的诗句。白居易在庐山写下《祭庐山诸神文》,明显受到道教的影响。两宋时,一流的文人、理学家绝大多数到过庐山,如苏轼、黄庭坚、朱熹等,并且都与庐山道士交往频繁而密切。唐宋时期的一些庐山道人,如孙晟、吴筠、黄志微、白玉蟾等,文学功底都很深厚,文辞优美,留下许多优美的文学作品。

在庐山,宗教与山水相通,僧侣、道士与文学相契。宗教需要一个静谧空寂的修行之地,文人则渴求在自然关系中寻找心灵的归宿,两者的需求在庐山殊途同归,相契相合。最终,促生了宗教、自然与山水艺术的关联。

四、宗教物化表征模式的铺陈

佛、道是最早开发、建设庐山的宗教力量。它们在庐山的自然怀抱中,营造出了符合各自宗教理念的物质环境,将庐山塑造为一座"宗教圣山"。

立寺、建塔、造像是佛教思想的物化表征方式,所包含的建筑、雕塑等艺术形式在庐山突出且集中。有意设计营造的佛教景观改变了庐山的自然环境,构成了一道靓丽的宗教文化风景线。庐山素有"庐阜招提三百所""南朝三百六十寺"之称,寺庙数量多、分布广,山上几乎峰峰有寺,甚或一峰数寺。寺院多建于风景佳地,依山水形胜,宏丽的寺庙建筑与优美的自然环境浑然一体,相映成趣。庐山三大名寺(东林寺、西林寺、大林寺)均被苍松翠柏环绕,古迹荟萃,壮丽非凡。其中,东林寺是佛教与山林结合得最完美、最成功的标志性寺院,它开创了寺庙从城市走向风景优美的自然山水的新趋势。之后,慧远又在其周边营构了一个以东林寺为中心的庐山寺院群。山中各寺前都有塔,佛塔类别、形式多样,装饰精美,与寺相得益彰,鲜明地体现了中国传统建筑风格与东方印度建筑特色的融合,具有很高的艺术价值。此外,佛教徒称寺院为"丛林",历来对植树造林有着特殊的偏爱,他们把植树造林当作自身必修的功业,寺庙皆内置禅林。佛教徒为庐山丛林的茂密、山岭的葱郁、水量的丰沛、空气的清澄作出了很大贡献,是人与自然和谐共处、打造庐山优美生态环境的最早楷模。

庐山道教创立伊始就非常重视利用庐山地理环境、生态条件和自然资源,占据有利地形修建道观。陆修静以庐山东南麓为基地发展道教,建太虚观。太虚观地处庐山金鸡峰下,四面环山,侧临两瀑,前瞻彭蠡(今鄱阳湖),是道人向往的修炼佳地。庐山道观的空间分布呈现随道教发展从山下向山上延伸的过程。庐山南麓是庐山道教的发源地,具备了道教"择地"的要求。隋唐五代两宋时期,庐山道教活动非常活跃,建成了一大批的道观,濒临长江的庐山北麓成为中期道教发扬光大之地。秀丽梦幻的山腰洞穴则是庐山道教后期发展之地。明朝时,庐山的道教活动逐渐由山下向山上转移,朱元璋为周颠仙立御碑亭之后,山上的道教活动愈发频繁。庐山道教文化的后期发展以位于海拔900多米山腰的庐山仙人洞为中心(图5.10)。道观的清幽雅静离不开道徒对生态环境的保护和建设。

佛教文化发掘了庐山风景景点,在自然环境中营造出佛教境界,赋予了自然以佛教意义和美学价值。道教宫观的建设布局成为道教名山风景不可缺的组成部分,这些布局在心理、美学以及环境氛围方面都发挥着重要作用,同时道教也重视教仪中自然之"炁"的营建与环境保护的并重。佛教、道教历时弥久的宗教场所建设,使得庐山最终成为一座宗教圣山及可供广大游客游览观赏的风景名山。

五、儒教的社会教育里程碑

在庐山兴起的宋明理学,代表了宗教在庐山建构的另一座思想高峰。这一高峰体现为庐山书院文化和理学互为表里,共同在中国教育史上树立了里程碑。

图 5.10 庐山仙人洞景观(宋江宝/提供)

书院教育文化在庐山落地生根凸显了庐山宗教文化的动态演进特点。东晋时,慧远组织白莲社,表面上以弘扬佛教为宗旨,但实际上兼容庄老思想,亦进行文学艺术的讨论交流,形成了依托佛教的"佛隐式清谈"。同时期,隐居于庐山脚下的陶渊明与这个团体交流频繁。从东晋到唐朝,庐山逐渐孕育出一种充满隐逸色彩的、由学者组织的精英文化论坛。晚唐、五代时期,随着儒人士子群体的增多和儒学地位的上升,庐山书院就在这种"论坛"基础上出现了。

周敦颐曾作《濂溪巷》记述了他创办的濂溪书院的环境,表达了他对庐山的真挚情感和隐居讲学生活的感受。他在著名的《爱莲说》中提出"出淤泥而不染",这种思想体现了鲜明的理学色彩,与庐山文化的"绿色精神生态"特征相融合,形成了一种充满隐逸色彩的精英文化,可称为"儒隐式清谈"。

朱熹看中庐山秀美的山水、悠久的佛道谈玄论理活动及深厚的山水文化,于是兴复白鹿洞书院以振兴儒学、发展教育。他亲自升堂讲学,把书院当作隐居、论理、休闲的好地方。朱熹之后,南宋中后期,白鹿洞书院继续发展,逐渐成为学术流派或集团的高层论坛。它远离功利、世俗,具有很强的隐逸、休闲色彩。庐山书院文化与其之前的儒学文化基础及隐逸文化的发展有显见的承继关联,是文化发展到一定程度后从量变到质变,在新的方向和领域里的突破。庐山书院是通过宗教文化再建构形成的文化景观。

在历史演变中,创设于庐山的濂溪书院、白鹿洞书院与理学的关系尤为密切。唐贞元年间(785—805 年),李涉、李渤兄弟在庐山山洞隐居读书,养白鹿以自娱,将隐居之所称为"白鹿洞"。南唐升元年间,李氏朝廷在庐山白鹿洞创建了"庐山国学",成为五代时期著名的学府和南唐重要的文化艺术中心之一。"庐山国学"是庐山的第一所学校,曾被认为比世界最早的埃及艾资哈尔大学(Al-Azhar University)还早半个多世纪,这是白鹿洞书院的起源。宋代周敦颐在庐山脚下创办濂溪书院,开创了私家书院的先河,确立了以理学为办书院的理论指导,在某种意义上是中国思想史和教育史上的一个重要坐标。在这种形势下,"庐山国学"改称为"白鹿洞书院",书院制度正式确立。南宋淳熙六年至八年(1179—1181年)朱熹恢复庐山白鹿洞书院,振兴理学,开创和健全书院制度,第一次明确指出了书院的教育目的和培养目标,独创了书院的修身之道和学习之法。他手订的书院学规——《白鹿洞书院揭示》流传后世,为后来的书院教育提供了第一个集教育目的、学术研究、学习方法于一体的学规范本,其影响超出了朱熹本人和朱氏理学的范围,是中国和国际文化史和教育史上的一大创举。例如,日本冈山县原市兴让馆自创办160多年以来,始终把白鹿洞书院学规作为办学的宗旨。由朱熹的弟子、门人整理归纳的"朱子读书六法"极为深刻地揭示了读书问学的根本路径和方法论精髓,不仅是古代最有影响的读书方法论,在今天仍具有相当的参考价值。余英时先生曾比较其与今天西方"诠释学"的异同,发现两者相通之处甚多。

濂溪书院标志着书院和理学结合的开始,而白鹿洞意味着这一结合的完成。从此,中国理学的发展与书院文化紧紧结合在一起,理学是内核,书院是载体,庐山的书院把儒家思想发展到新的高度,在中国思想史上形成了继先秦后的第二个理论高峰,对中国哲学思想、中国传统文化及教育文化的发展作出了里程碑式的卓越贡献,同时也对世界思想领域产生了深远影响。

六、自然的科学价值开掘及其宗教化

庐山宗教人士对开发庐山自然的科学、经济价值作出了诸多贡献和创举。

庐山云雾茶的开发与庐山佛教活动有关。相传,云雾茶最初是一种野生茶。东晋时期,庐山僧侣云集,其中慧远将野生茶改造为家生茶,开创了江南僧人种茶和饮茶之先河。云雾茶的名字直接反映了其产地庐山独特的自然条件——云雾缭绕的气候,其名称本身就是自然与人文的合一。慧远常以茶待客,坐而论道,在他的影响下,云雾茶被赋予了宗教色彩,禅茶合一。各寺争相开辟茶田,栽种茶树,焙制茶叶,茶渐渐成为僧侣的必备饮品。晋代之后,不少文人上庐山游览或隐居,品茶习俗逐渐传开,庐山云雾茶就成为文人墨客煮茶咏志之物,留有不少涉及庐山茶的诗文。例如,白居易在庐山香炉峰下隐居时,开辟茶园、种植茶树、培育药材。品茶之风又推动了对庐山泉水的考察,茶圣陆羽将庐山汉阳峰的谷帘泉列为"天下第一泉",将观音桥处的招隐泉列为第六泉,将天池寺的天池列为第十泉。谷帘泉名动天下,吸引了更多知茶、爱茶的人来庐山寻访。宋代时,庐山云雾茶已被列为"贡茶",在宗教、经济价值上又附加了政治意义。明代医药学家李时珍曾慕名登庐山实地考察,采集药物,并在《本草纲目》中记载了涉及庐山的9种本草,其中"瑞香"是他在庐山的新发现,这一发现与庐山僧人或许有一定关联。

道教对庐山文化的影响在气功、化学、医药学、天文学方面尤为突出。庐山拥有一些在药物学方面有研究的道教医学家,如葛洪著有《抱朴子》,记录了庐山灵芝的种类;叶千韶、洪志等精通医术,对后世影响极大。

七、宗教关怀与自然共鸣——"一山多教"

在漫长的历史时期里,佛、道、儒在庐山各自辉煌,但始终和平共处,从未有过矛盾;近代进驻庐山的西方宗教与本地宗教之间以及彼此之间也没有冲突,形成了世界范围内"一山多教"的人文奇观。

1858年,九江被辟为通商口岸后,外国人开始大量进入庐山地区游历、通商并自由传教。1886—1895年间,基督教在庐山上兴起,成为最早进入庐山的西方宗教。天主教则在1892年传入庐山,并于1904年在牯岭建造了第一个天主堂,1914年开始在庐山广泛传播。1897年,俄国东正教牧师在租借地区开始建教堂,传播教义。俄国十月革命后,庐山东正教势力得到遏制。1925年,一些穆斯林在庐山建起了唯一一座供他们进行宗教活动的场所——清真寺。至此,庐山出现了"一山藏六教,走遍天下找不到"的奇特人文景观,显露出一种极为罕见的面对文化冲突的境界和高度,与中华民族回应冲突、化解危机、走向整合并获得新生的历史发展过程及文化精神高度一致。这种精神也深深影响着庐山地区人们的性情、心气、观念,乃至思维方式。庐山民情淳厚,民众多乐善友好,不喜争斗;民风民俗兼收并蓄,融合了南北特色,东西方文化亦在此交汇,甚至语音、食味也深受各地影响。庐山的宗教价值、政治象征意义及建筑的艺术价值均十分突出,尤其是其宗教所展现出的包容性,在更为根本的宗教世界观和文化层面上,具有极其重要的价值。

庐山的宗教格局是在特定世界历史时期和中国社会背景下,政治、军事、外来宗教文化、本土建造等多种因素合力作用的结果。宗教在庐山并不以介入政治、经济及地方社会活动,或建立、扩大教门组织的方式弘扬,而是通过文化传播、吸附的方式扩散其影响力。因此,不同宗教在现实中并未产生各种形式的矛盾冲突。佛、道两教都以庐山山水作为宗教发展基础和诠释教义的对象,涵养了庐山开放、包容的文化特性,奠定了其后宗教文化演变发展的主调,深远地影响了中国其他宗教名山或风景名胜地的宗教布局。近代汇聚庐山的西方宗教不约而同地将自己的最高信仰服务于一个最现实的目的——休养,这个目的由庐山本身的宜人环境所决定,与庐山佛教、道教修养身心的宗旨相契合。各宗教在理论上相互包容,在形态上和谐相处,在庐山达成了一种跨文化的默契,从而能够长期并存。而这种默契,也与宗教对人类的人文关怀精神分不开,宗教的最高境界在庐山找到了最合适的土壤。

经过数千年的积淀,宗教文化与庐山相互作用,成就了庐山"宗教圣山"的地位。当下,庐山各群体对近代以来庐山的"一山藏六教"(现为五教,指佛教、道教、伊斯兰教、基督教和天主教)及其和谐共融的价值内涵有强烈共识,普遍认可多元宗教文化并存是庐山宗教的突出特点。受访的宗教人士都认为本教的发展和教义与庐山的自然与文化环境息息相关,对宗教文化与庐山的关系有着深刻认识。这种认识融合了宗教精神层面的核心意义、庐山物质性的自然环境、世俗的社会环境和人的精神面貌等特点。庐山的宗教文化充分显示了中国人的宗教信仰的开放性、包容性,以及互渗、融贯的传统。庐山山水对于中国人的宗教信仰传统形成有着举足轻重的贡献和地位,完美展现了这一宗教信仰传统从古至今不断演化、嬗变和完善。

第四节 传统精英文化的自然实践典范

自古以来,庐山便吸引了无数文人墨客、高僧名士流连驻足。他们在登山临水之时,以庐山的自然山水、传说故事及前人风韵为素材,创作了大量山水艺术作品,这些作品又吸引了更多的后人前来探访,世代不绝,给庐山增添了浓厚的人文色彩。庐山是中国山水诗和田园诗的策源地。根据庐山风景名胜区管理局编撰的《庐山历代诗词全集》统计,东晋至1949年中华人民共和国成立前,历代文人以庐山为对象创作的诗词约有16 293首,涉及作者3561人,在中国名山中首屈一指。庐山与中国山水画互生共长,是中国山水画的发祥地,也是第一个被中国山水画描绘的对象。历代所绘的《庐山图》代表了中国山水画的一个又一个艺术高峰。庐山还留有中国山水文学史上山水与散文结合的印迹、山水园林,以及大量折射历史光辉的摩崖石刻等。在中国传统文化历史长河中,庐山代表着山水文化的一座丰碑,是传统人文价值的高地,享有"人文圣山"之誉。

庐山的山水文化与传统社会阶层中哲学思想和文化的创造者及传承者紧密相关,这些群体以"士人"为主体,同时也包括具有良好文化素养的统治者和宗教人士等。他们是庐山山水文化的创造者,而庐山则是山水文化的主要内容——山水诗、山水画理论形成和实践的缘起。精英人士与庐山山水的文化建构以视觉感知为起点和主要方式,又不囿于视觉。他们从投向山水的视觉体验出发,通过语言和视觉系统的再创造来表达自身与自然之间的相互作用及主观感受或情感,最后形成通往自我和内心的观照。

一、作为山水文化的源流

庐山是中国山水文化的源流之地,其发展大致可分为三个时期。

(一)魏晋南北朝时期,山水文化开创

东晋之时,慧远摒弃了玄言诗中概念化的描述,转而描写具有鲜活生命力的山水景象,创作了历史上首篇吟咏庐山的诗歌《游庐山》和最早全面描绘庐山风景的文章《庐山记》,表露出心无挂碍地欣赏山水的自然态度,初露山水审美的端倪。陶渊明以庐山当地农村生活为背景,创造了大量反映乡居生活和田园风光的诗文,开创了中国

田园诗风。山水诗的奠基者谢灵运将山水与名理相结合,有着对自然山水独特的审美视角。以诗序、书信为主要形式的庐山山水小品与山水诗并肩发展,都生动地描写过庐山的奇丽壮观。关于庐山的山水记不仅数量众多,而且佳作频出。晋代顾恺之以庐山为对象,创作了中国第一幅真正意义上的山水画,成为中国山水画鼻祖,并提出了"传神说"这一山水画理论。宗炳沿袭慧远的哲学美学思想,提出"畅神说",在《画山水序》中确立了中国古代山水画的艺术精神。庐山孕育了中国山水画理论并支撑了山水画创作实践,是中国山水画的发祥地。东晋书法家王羲之在庐山金轮峰下所筑的山居和东林寺、黄龙寺等宗教建筑,都以优美的建筑形式融于庐山山水之中,可视为有意设计的山水园林景观。庐山石刻奠基之作位于紫霄峰上,慧远曾在东林寺石碑上刻下《游庐山》《发愿文》《万佛影铭》等作品。

在中国山水文化的萌芽阶段,庐山便以其深厚的底蕴站在了最前列和最高层次,其在宗教、艺术和文化等方面的精神价值十分突出。

(二)唐宋时期,山水文化空前兴盛

庐山山水诗对唐代山水诗的贡献巨大。以作者而言,一流的山水诗人绝大多数都有歌咏庐山之作;以成就而言,李白的《望庐山瀑布》、白居易的《大林寺桃花》及作于浔阳的《琵琶行》等,都是不可多得的名篇佳作。宋朝文化名人绝大多数都与庐山有渊源,庐山诗的作者有政治家如范仲淹、王安石,文学家如苏轼、欧阳修、黄庭坚、秦观,理学家朱熹,道教道长白玉蟾等,庐山与社会关联的广泛和深入程度可见一斑。宋代庐山诗的视野比唐代更开阔,入诗的自然景观、人文景点更多,充分体现了以庐山风光为依托的各种文化价值积淀的吸引力和诗人们对庐山的全方位感受,如陶渊明对苏轼的吸引、白鹿洞对朱熹的吸引等。庐山的独特风景和历史记忆被充分整合,通过"品题"等文学活动,为风景赋予了超凡的精神内涵。相较于唐代,宋代庐山诗少了些主观感性和激情,却更加理性客观。例如,苏轼的《题西林壁》揭示了观察角度不同导致结论不同的哲学理念,包含了整体与局部、宏观与微观、分析与综合等引人深思的概念,使"庐山真面目"成为事物真相的代名词。欧阳修的《庐山高》则表达了文人才华出众却怀才不遇的感慨,若非庐山的熏陶,这种苦闷何以化解?说明庐山可以让各种带着社会创伤的人回归心灵家园。这也正是许多诗人选择庐山、歌咏庐山的原因。庐山诗成为山水与诗人情感联系的桥梁。

山水游记在唐代成为一种独立的文学体裁,白居易的《庐山草堂记》被视为中国园林学的奠基文献之一。宋代山水游记再创辉煌,如苏轼的《石钟山记》、陆游的《游东林记》、朱熹的《卧龙庵记》等。

五代梁时的荆浩创造了皴、擦、点、染等绘画技法,极大地推动了中国山水画的发展。他的代表作《匡庐图》标志着水墨山水画的真正成熟。南宋马远创作的《庐山雪霁图》在构图上打破了传统的鸟瞰式成规,展现了宋代的山水画成就。

唐宋庐山的山居别业突出展现了士人对庐山山水的审美自觉和创造力。例如,白

居易的庐山草堂选址于天然美景之中,辟石筑台、引泉悬瀑、借景四方,努力发现并挖掘原始的自然山水之美,重意趣和心境,胜过客观物质环境的舒适。李渤开凿白鹿洞,使之成为庐山名胜。这些建筑与庐山自然环境的结合,表征着庐山留有中国古典园林自中唐开始走向繁盛期的痕迹。至宋代朱熹复兴白鹿洞书院,更彰显了山水园林的意蕴。

唐宋时期也是书法家在庐山尽情挥洒笔墨的时代。东林寺石刻众多,颜真卿、柳公权、欧阳询、虞世南等书法大家都在庐山留下了石刻,唐代庐山石刻蔚为大观。宋代黄庭坚、苏轼、米芾均曾登临庐山、刻石明志,共同创造了庐山书法艺术凝固的历史。

(三) 元明清时期,山水文化的全新格局

随着流动人口激增,文化传播更加便利,这一时期歌咏庐山的诗文作品极为丰富。诗、词、游记各类文章,不下万首(篇)。虽然明清的庐山诗不如唐宋的庐山诗脍炙人口,但其中仍不乏上乘之作。而且,明清时期的游记在数量上远超唐宋,质量上也毫不逊色。以《徐霞客游记》为例,可见其对庐山山水精细刻画的程度。徐霞客被后人尊称为"游圣",他的《游庐山日记》加大了庐山的旅游吸引力。这一时期的庐山山水诗文,也在很大程度上从以往的隐逸文学转变为因人们游山玩水而产生的山水(休闲)文学。

自唐代起,庐山与政治统治中心的距离逐渐拉大,隐居行为日渐功利化,庐山的文人隐士越来越少。而庐山靠近江湖交通要道,人们在来去自由、居行随意中也能最大程度地满足精神诉求。元明清时期的庐山山水文学,大多是诗人在过往或短暂停留庐山时所作,诗人的主观情感及生活内容日益淡化,外在的自然景观、人文景观便成为歌咏的重点。

明代吴门画派中的沈周和唐寅都曾以庐山为描绘对象,分别创作了《庐山高图》和《庐山图》。清代石涛创作了多幅庐山图。明代白鹿洞书院留下了156处碑刻和57处摩崖石刻,共同构成了一个充满无限想象的美妙空间,反映了庐山历史的厚重和文化的丰富。朱熹留下的10余处摩崖题刻,是其深邃思想的凝练体现,提供给后人无限想象的空间和精神的伊甸园。

二、普通景观审美的开拓

陶渊明的诗作开拓了普通景观的审美,极具文化景观典型意义。

首先,陶渊明的庐山诗体现了时代背景及其隐居地的地域文化特征。他的诗作展现了他融合儒、道、佛思想,选取并调和其中适合自己的精华部分后形成的独特"自然"哲学观。例如,他恪守儒家安贫乐道的原则,将小农生产者的生活视为理想;他崇尚皈依自然的道家思想,受道教重视劳动、养生观念的影响,退隐田园后力耕自养;同时,他也受佛教思想影响,领悟到"人生似幻化,终当归空无"的哲理。

第二,陶渊明是历史上首位将田园生活和景色等普通景观作为其诗歌创作对象和内容的诗人。乡居生活、田园风景是陶渊明诗歌中的主角和重要审美对象。田园诗成

就了陶渊明的诗歌风格,在中国诗歌史上产生了重大影响。在中古时期,他就把目光投向平凡无奇的田园,感知到庐山普通景观的价值,开创了普通景观的审美领域和艺术境界。

第三,陶渊明的田园诗不仅赋予了庐山普通田园景观以审美价值,而且将之升华为超越的精神价值。在时而隐居时而出仕、物质经济条件尚好之时,陶渊明欣赏田园风光和躬耕劳作之美,对庐山山水田园生活的描写充满了诗意和审美色彩;而当他生活窘迫时,田园诗作多描写辛劳、平凡的现实之境及心情。但陶渊明的诗歌并未止步于此,他在艰苦的农作生活中时时发现自然之美、亲情之美和生活之美,体现出诗人所代表的传统士人阶层具有的超脱凡俗的精神力量。

第四,陶渊明的庐山田园诗建构了庐山普通景观多层次的、丰富的文化意义,体现了庐山山水文学的精髓和本质,印证了庐山作为恬美心灵家园的精神价值。

三、"桃花源"意象的母体

陶渊明隐居庐山时所作的《桃花源记》,影响极大,其塑造的桃花源意象,最后成为"整个东亚区域最具吸引力的理想世界典范"。

桃花源常被视为隐士文化的产物,以一种"理想化"的山水形象作为基础,在中国山水文化意象建构上具有深远意义。陶渊明以神仙故事描绘渔人的桃花源,从平凡的田园生活中,升华出"怡然有余乐,于何劳智慧"的"超凡"境界。桃花源传说最容易勾起人们亘古不变的、对幸运及美好生活的想象和期待。人们多在现实中寻找这样的桃花源原型,表达对安定、和乐社会的向往。关于桃花源的实地所在,历来众说纷纭,庐山康王谷的传说便是其中之一。中国的桃花源传说独特之处在于,它蕴含着鲜明的自然山水美景形象,而庐山正是原作者陶渊明创造这一传说的自然山水背景。在桃花源意象的建构过程中,庐山自然山水所形成的宜居环境、涵育的佛道共融的宗教思想,通过人(陶渊明)的诗文创作,生发与传递了桃花源意念。同样诞生于庐山的中国山水画则在其发展过程中,赋予这种意念具体可感的形象,使理想山水"视觉化"。庐山的山水诗和山水画共同塑造了更具感染力的桃花源意象,成为此意象的主要载体。

桃花源意象源于虚构,不是对外在自然及生活的真实陈述或描绘。所以,它在后来的发展中,历经不同世代人们的重构,产生了各种随不同需求而生的人世化的化身。这些在不同情境中对桃花源意象的追求,体现了对人与自然关系的理解,将仙境与人世、理想与现实、客观与想象、物质与精神融为一体,而庐山则是这一独特意象的母体与载体。

四、"江南"意象的重要组分

庐山是最早作为独立审美对象的江南名山之一。在不断被发现美的同时,庐山培育了诗人的审美情怀,庐山独特的自然风物以及由此生发的人文物事是构成庐山山水诗意象的基本元素。这些自然或人文的形象,既是人与自然相互感应的起点,也是诗人观察万物、取象比兴的直接对象,更是他们借象寓意、表达心意的最终依托。庐山诗歌意象独特且珍贵,是江南文化意象的重要组成部分。庐山诗歌取象的自然元素和人文物事主要包括以下五个方面。

(1)"山水形胜"。庐山之所以能作为审美对象被诗人赞颂,都源于其由江湖平原陪托而出的高峻,由浩瀚远阔的鄱阳湖水之柔美映衬而出的雄伟呈现的独特自然地貌。

(2)气候景观。地理、气候因素形成了庐山常年云雾飘绕、轻烟袅袅的景象。鲍照、范云、东晋道人等的诗歌描述了庐山云雾的厚重与壮丽。庐山受道教影响深远,有四座山峰以"香炉"为名。在历代庐山诗歌中,描写香炉峰云雾的篇目最多且最有名,这些诗歌将香炉峰的云雾与道教紧密联系在一起,使道教意趣与云雾、草木、禽鸟等自然物象融为一体,形成了一种新的诗歌意象符号。韦应物、陶渊明等人还描绘过庐山素净洁白的云,寓意一种超凡脱俗的精神境界。

(3)水景。庐山的潭、泉、涧、瀑、池等水体形态各异,激发了诗人的创作灵感。瀑布是庐山最自然、最壮观、最具审美价值的景观之一,也是最能撼人心魄的"山水之音"。中国各大名山里,没有哪一座像庐山受到那么多诗人关注,留下如此多歌咏瀑布的名篇,也没有哪一篇咏瀑诗比李白的《望庐山瀑布》影响更大。这首诗使"银河"成为歌咏瀑布的常用意象。

(4)植物。诗人笔下的庐山植物,常寄寓了与植物形象和质性相关的人文意趣。如松树,在庐山诗歌中寓意孤高坚韧、清新洒脱。庐山多菊花,庐山诗里松和菊经常并提,庐山菊被赋予"贞洁""秀逸""卓尔不群"等含义,更是陶渊明日常生活中不可或缺的精神寄托。庐山桂则被附着了浓重的道教色彩,是隐居庐山、求仙问道的白居易诗中的仙树。庐山杏作为庐山道教先人董奉传说里的植物,直接地承载了道教意趣。庐山诗中的芙蓉或莲,其寓意也与佛教及慧远的白莲社有关。诗人多取庐山这些植物苍劲、孤直、高洁等寓意。

(5)多元融汇的文化。描写庐山最高峰——汉阳峰上禹王崖的诗歌,蕴含着崇尚儒家治世的情怀。与濂溪书院、白鹿洞书院等有关的诗歌,构拟出登峰造极的庐山国学意象。香炉峰、铁船峰、天池等道教故事的发源地,连同著名道士、道观以及相关传说,也是庐山诗歌的意象来源。庐山作为南方佛教中心,为历代诗人寻觅、考索和追怀,佛教也成为庐山诗歌的意象之一。庐山是隐逸诗歌意象的诞生地,成为后世诗人对隐士人格品位的集体记忆。

庐山的自然与人文不仅激发了诗人的审美创作,而且在历史长河中或凝固为一种集体记忆,或呈现出历史的层积性,都在诗人即时的情思下被激活,成为庐山文化意象的载体。庐山诗歌建构的文化意象肇始于江南文化体系及美学性格独立成型的重要历史时期,描绘的庐山也具有淡泊功名、修佛尊道、诗书琴酒、山水田园、疏离政治、追求自在适意等江南文化的地域特征。同时,庐山文化意象呈现出与同在江南的吴越地区不同的文化特征,如罕有艳情声色,少有妖娆艳冶,寓意多承接芳洁人格和佛教浸染等。总体而言,庐山形成的文化意象体现了对世俗功利的超越、对生命本真的重视、对独立人格的坚守和对审美自由的追寻等特性,因此,庐山向来为精神贵族所追慕。

五、游——自然体验的文化模式

庐山的山川胜迹最初吸引了宗教人士和统治精英阶层前来游历。"游"使一些自然事物进入人文范畴,逐渐发展为旅游景点、旅游景观,具有了作为现代意义上的旅游资源的属性。在精英阶层的影响下,庐山与宗教活动、文人的隐居生活、近代中外人士的避暑休闲生活、政治生活及休疗养生活等都紧密交织在一起。从宏观的历史维度考察,可以说,不同阶层、群体在庐山的活动都包含有旅游的动机或成分。庐山的旅游景观包含丰富的内容。

(一)旅游活动

庐山的旅游活动最早出现在 4000 多年前,有关庐山的神话、传说实际上打造了早期旅游的雏形。秦皇汉武巡游庐山、司马迁南登庐山的活动中已包含了旅游的因素,而寺观的出现则使庐山更具旅游意味。史实证明,早期盘踞庐山的寺观便是山游者最理想的,也几乎是唯一的歇息地,僧侣道徒即为山游者的向导或导游。慧远创建东林寺,高僧云集,钟磬之声不绝,往来游者不断。开先寺可称得上旅游名区。宗教文化对庐山的开掘,吸引了众多有林泉之志的士人来到庐山游历或隐居。许多文人激赏或亲历攀援,通过赋诗、作画、题壁等方式描绘庐山的自然雄奇和秀美。他们写下的诗文脍炙人口,吸引了更多游人。专业人士辨析古迹,一般文化人欣赏古迹,普通的游览者浏览古迹,都是在庐山可以见到的旅游活动。到了近代,西方传教者和避暑人士纷至沓来,政治家也竞相登上庐山。庐山的自然风光、独特资源、避暑疗养条件和文化底蕴吸引了具有不同需求和目的的游客群体,催生了多元化的旅游活动形式。

(1)观光。1928 年,胡适携子与友人共游庐山。1949—1978 年,庐山旅游活动以政治接待、会议和疗养为主;改革开放后,普通民众(包括海外游客)成为庐山旅游活动的主角。1980 年首映就轰动国内影坛的《庐山恋》,正是这一时期庐山旅游活动的真实写照,庐山因此更加名声大噪,游客人数暴增,形成了观光旅游的高潮。

(2)避暑度假、疗养保健。19 世纪,美国著名作家赛珍珠在庐山建房避暑,逃过"热病",并完成了后来获得诺贝尔文学奖的小说《大地》。20 世纪 20 年代,国民政府政要和社会名流常来庐山避暑度假,举办重大会议和活动。1949 年至改革开放初期,庐山主要对政府领导和各级机关团体开放;80 年代以后,庐山向社会公众敞开怀抱,到庐山避暑度假和疗养保健为大众所喜。

(3)科学考察。1931 年,李四光带领学生来庐山实习,发现了冰川地貌遗迹。1934 年创办的庐山植物园是国际著名的亚高山植物园。2004 年,庐山被列入全球首批世界地质公园。近代以来,庐山一直是生物、地质等领域的课外教育和科学考察基地。

（4）文化活动。20 世纪 20—30 年代，许多文化名流到庐山唱和应酬，留下近现代庐山名篇，如陈三立的《匡庐山居诗》、茅盾的《从牯岭到东京》、徐志摩的《庐山石工歌》等，吸引游客在庐山开展文化活动。

（5）修学。西方人到庐山经营避暑胜地，开办了英国、美国和法国等西式学校，引入西方管理方式和教育理念，设施完善，管理严格，教学水平高，成为当时全国学校争相学习仿效的榜样。

（6）宗教之旅。自从庐山开辟为避暑胜地以后，在中国的天主教、基督教等宗教组织几乎每年都在庐山举行例会。

（7）会议。国民政府时期，蒋介石在庐山主持召开了一系列军事、政治、外交会议，举办培训班和讲习会。中华人民共和国成立后，中国共产党的一系列重大会议都在庐山举行。改革开放以后，特别是 1982 年庐山获批国家重点风景名胜区后，国内、国际的重要会议，以及机关单位和厂矿企业的一些会议，经常被安排到庐山举办。

（8）节事旅游活动。国民政府时期利用庐山良好的设施设备和接待条件，举办了各种赛事活动，如 1935 年、1936 年连续两年举办了国际游泳比赛，1936 年还在庐山举办了国际田径运动比赛、国际足球赛等。庐山成为国家重点风景名胜区后，也开展了多种形式的节事活动，丰富了旅游产品，如 1986 年举办的文艺博览会、自 2000 年起连续举办的庐山国际文化旅游节等。

（二）旅游景观

庐山山水吸引了人的介入，而人的活动又使庐山山水成为具有吸引力和凝聚力的旅游景观。旅游活动与旅游景观相生相长。庐山开发历史悠久，在各种群体的旅游活动及其多元文化持续积淀的作用下，不断被开掘出作为近现代旅游业发展的旅游景观资源。

庐山拥有丰富的各类旅游景观。历代庐山旅游诗文记述并描绘了许多庐山旅游景点。根据《庐山志》记录的诗文资料分析，自魏晋南北朝直到民国结束的近两千年内，共有 1333 篇诗文提及了庐山的 416 处旅游景点。最早的旅游景点在九江市区到石门一带，以及陶渊明隐居的栗里；隋唐五代时期，东林片区的东林寺、虎溪、白居易草堂等，秀峰片区的香炉峰与黄岩瀑布，归宗片区的简寂观和白鹿洞片区的五老峰等依次为重要的景区及景点；宋元时期，五老峰和白鹿洞最热门，栖贤片区、秀峰片区的景点发展较快，康王谷、三叠泉、卧龙潭等片区日益受到重视；到了明清时期，天池寺附近成为新兴的热门旅游区。民国时期，山巅牯岭成为绝对的旅游热点；至此，庐山形成了以牯岭为中心，以东林寺、白鹿洞、栖贤、秀峰、归宗为重点，九江市区、三叠泉、康王谷、圆通寺、石门涧为辅助的旅游景区格局。民国后期，《庐山续志稿》中列出了庐山旅游景点，并规划了山南山北多条游游线路。20 世纪 80 年代，庐山成为国家级风景名胜区，历史上的风景景点得到重视和保护。

庐山旅游活动从无到有,从简陋到繁荣,从古朴转变为新颖,从简单到完备,从古代迈入现代,从未中断,不断发展。这不仅是旅游活动的简单延续,更是庐山自然与文化延续发展的缩影和见证。大量游历者来到庐山,庐山满足了现实生活中人们的动态生活需求,特别是精神需求。庐山的旅游文化,有着自然与人文、历史与现代、西方文化与中华文明的多元融汇,也见证了真正意义上的旅游及其游憩价值随着社会发展逐步呈现的历史过程。

第五节 政治话语的景观文本

中国历史上几千年的政治风云和社会动荡,在庐山都得到了反映。庐山与中国历史,特别是近现代历史紧密相连,成为中国社会变迁的晴雨表。政治文化在庐山书写的景观文本包括皇权政治的象征、"隐逸德镇"变身"夏都"、共和国历史风云的见证,以及政治景观文本的价值表述特点等篇章。

一、皇权政治的象征

历代皇帝通过登山、祭山来表达对天赋皇权的尊崇。传说秦始皇、汉武帝都曾登临上霄峰和紫霞峰,其中汉武帝还祭祀了庐山,并赐匡俗"大明公"封号。庐山在东晋时代就有"庐岳"的称谓,"东向稽首,献心庐岳",显现出当时对庐山的推崇。庐山虽不属于五岳,但历史上晋安帝、梁元帝、南唐中主李璟都曾亲自登临庐山,赋予它皇家地位和皇权政治统治的象征意义。

从三国东晋至宋元明清,庐山地区曾发生了许多重大的政治军事活动。三国两晋南朝时期,南方政权占据长江中下游地区,以九江为西部的支点和东部的屏障,与北方政权对峙。三国时,东吴政权以九江为军事大本营,经营赣北地区,并在赤壁与曹操展开激战。东晋时期,九江一带一直是南朝的军事重镇,庐山的南北两侧,如东林寺、归宗寺的建立等,均与这些军政活动有关。唐安史之乱后,南唐中主李璟曾以太子身份避居庐山五老峰下,建读书台;李璟即帝位后,将读书台扩建为寺庙,命名为"开先寺",该寺之于李璟的意义,即是国家主权的象征。南宋政权建立之初,宋高宗派最杰出的将领岳飞驻扎九江。明朝建立后,朱元璋与占据九江的陈友谅在鄱阳湖进行殊死决战,奠定了大明王朝的基业。清朝晚期,九江的失守,直接导致了太平天国的失败。

中国历史上的佛道之争,实际上是政治权力斗争的反映,这种斗争在庐山也有所体现。唐玄宗崇尚佛教,在庐山建"九天使者庙"。北宋皇室抑佛崇道,把"九天使者庙"改名为"庐山太平宫"。庐山的许多宗教场所历经寺庙和道观的更迭。宋朝八代皇帝在太平宫设置了宫观使等官衔,甚至许多丞相都在太平宫任过职。明王朝尊崇佛教,在庐山敕建了多处寺庙,明神宗建赐经亭。明太祖朱元璋认为隐居庐山的周癫仙人对他夺取政权有突出贡献,视庐山为明王朝开国奠基之地。他敕封庐山为"庐岳",下令建造了御碑亭,同时令德化、九江县令每年春、秋两季祭山,并在天池寺举行合祀仪式。庐山由此第一次被最高统治者纳入官方系统,达到与"五岳"并立的崇高地位,成为国家社稷的象征,充满了政治意蕴。清朝康熙帝也曾赐名秀峰寺,进一步提升了庐山佛教的地位。以庐山为滥觞的程朱理学是中国封建社会统治思想成熟的标志,受到唐以后历代皇室的重视。清朝康熙帝更是对白鹿洞书院推崇有加,对书院赐书、赐额、设科举,在使庐山理学的地位达到顶峰的同时,也实现了建构国家认同感、巩固其统治的政治目的。

二、"隐逸德镇"变身"夏都"

民国时期,庐山被定为国民政府的"夏都",实际上成为当时第二个政治中心。庐山在近现代的政治风云中,对中国当时的政治走向起到了重要的作用,成为全国最耀眼的政治名山及世界关注的焦点。

(1) 从1926年到1937年,蒋介石在庐山先后十一次召集地方军政要员、政府各部首长或社会名流贤达,讨论军事、政治、财政、外交、党务等议题,决策重大方针,部署围剿边区红军的任务,制订抗日御侮方略。庐山变成当时的全国军事政治第二中心,对民国政治产生了深远影响。

(2) 1927年,在国民革命发生重大转折的关头,中共领导人在庐山达成了发动南昌起义的共识,庐山在开辟中国革命新阶段的关节点上,具有一定地位。

(3) 庐山军官训练团。蒋介石在庐山期间,举办"军官训练团"和"党政人员训练所","兴学练军饬政",加强"清剿"苏区红军的能力。1937年,随着日本扩大侵华战争的态势日益严重,他又扩大了暑期训练班的规模等。这些训练强调修养身心、砥砺品性、锻炼志节,对驱除敌寇、光复国土起到了积极的作用。

(4) "庐山谈话"。1937年6月至7月,中国共产党代表周恩来偕秦邦宪、林伯渠两上庐山,与蒋介石谈判,提出著名的《中共中央为公布国共合作宣言》,最终促成了第二次国共合作和抗日民族统一战线的建立。1937年7月16日,蒋介石邀请全国大学教授及各阶层、各党派领袖就对日全面抗战举行"谈话会",宣布全面抗战。9月23日,蒋介石发表谈话,承认中国共产党的合法地位,宣告国共两党抗日统一战线正式建立。国共庐山谈判的成果,促进了第二次国共合作的最终形成,庐山在国共合作史上具有重要地位。

(5) 庐山抗战。日军侵占南京后沿江西进,形成对九江和庐山的包围。庐山是国民政府的"夏都"和当时中国政治军事中心之一,保卫庐山,不仅具有军事意义,更有深刻的政治意义,具有捍卫中国主权的象征意义。1938年10月29日,庐山周围各县城及重要据点均被日军占领,庐山成为一个"孤岛"。从1938年7月30日日军对庐山发起第一次进攻开始,国民政府江西保安部队近3000名官兵,孤军固守庐山达9个月,近千名将士捐躯,解救了30 000多名难民,沉重打击了日军的气焰,表现了真正的中国军魂,谱写了抗战史上光辉的一页。

(6)"庐山调处"。抗战胜利后,内战乌云笼罩中国。1946年,美国特使马歇尔斡旋于国共之间,他曾八次从南京登上庐山牯岭,试图促成"五人小组会议",以"调处国共军事冲突"。

庐山虽位于中国自然地理版图上的中部和中心地带,但在近代之前,一直是一座远离政治统治中心的在野名山。民国时期,在国内众多名山中,庐山是唯一被列强租借的山岳名胜。西方人的前期开辟,九江的重要位置等政治特色和政治需要,以及蒋介石的个人喜爱等多种因素综合作用,使庐山从历史上的隐逸德镇和文化中心,变成了这一时期的政治中心。

三、共和国历史风云的见证

中华人民共和国成立后,毛泽东对庐山情有独钟,1959—1970年间,他三上庐山,主持了中国共产党两次中央全会和一次中央工作会议,作出了一系列对国家兴衰有着深远影响的重要决策。自中华人民共和国成立后,中国共产党中央委员会全体会议大多在北京举行,但其中两次却选择在庐山召开。这一历史现象证明了庐山在中共党史上的特殊地位。

1959年,中国共产党八届八中全会(被称为"庐山会议")之所以选址庐山,也是考虑到庐山环境优美且气候清凉,能为与会领导人提供一个远离炎热酷暑、生活和会议条件都较为优越的场所。然而,这次庐山会议给中国社会和国民经济造成了严重后果,最终导致文化大革命的悲剧,中断了在经济建设上纠"左"的进程,并使"大跃进"和"人民公社化"运动以来的错误再度泛滥、愈演愈烈。

1961年的庐山中央工作会议则主要讨论了当时面临的工业、粮食、财贸、教育等问题,并通过了"工业70条""高教60条"等文件,为中国国民经济和社会发展走上健康发展道路奠定了基础,使得我国国民经济迅速开始好转。

1970年8月23日至9月6日,中共中央在庐山召开九届二中全会。在这次庐山会议上,中国共产党刚刚在"文化革命伟大胜利"基础上建立起来的领导核心出现了分裂,无论对文化大革命还是对中国的前途,都产生了重大的影响。

这三次会议对共和国的历史影响甚大,与当代中国命运紧密相连。庐山作为这些重要会议的举办地,折射出当时的国内、国际政治风云。

四、政治景观文本的价值表述特点

庐山与近现代政治相互作用"书写"的景观文本在价值表述上具有以下特点。

(1)庐山政治文化发生的必然性与动态性。庐山位于七省通衢之地,历史上这里展开了一系列重要的政治、军事、经济活动,使得庐山政治文化高潮迭起,这是由其地理位置所决定的必然结果,绝非偶然现象。政治力量往往具有较大影响力,所以庐山政治文化动态演进的特征十分突出。

(2)庐山作为近现代政治谋划与运作的特定场所,其价值尤为突出。民国时期庐山的政治风云对当时中国的政治走向起着决定作用。虽然庐山发生的一系列重大政治活动在性质、内涵上存在差异,但总的来说,庐山已成为这一时期政治生活的重要场景、运作空间乃至话语表达平台。

(3)政治显著改变了庐山传统的场所意义和价值。近现代登上庐山的中国政治高层群体及其文化,与历史上很不一样。曾经赋予这座名山历史文化底蕴的,大都不是达官显宦。然而,在政治力量的作用下,近现代的庐山文化主题从宗教、隐逸文化转向了政治,庐山因此不再是独立于政治之外的宗教圣地和远离政坛的理想隐居之地,而成为政治风云的中心。政治家群体及其文化将庐山变成了一座政治名山。

(4)场所价值冲突凸显。庐山政治活动改变了许多宗教场所。例如,庐山军训团占用庐山南麓的海会寺作为筹备处,使得海会寺从清幽的寺庙变成了喧闹的大工地,并最终成为军事禁区。外国军事顾问则住在附近的龙云寺里。而清幽的白鹿洞书院,起初由教官们居住,后来也被改为第二重伤医院和军械库。

(5)政治文化与自然生态价值、游憩价值交织。庐山绝非一个简单的政治活动场所,其良好的生态环境和深厚的历史文化吸引了政治家群体。他们选择庐山,是由他们的精神需求、人性需求所决定的,是由庐山能满足这些需求所决定的,再一次反映了庐山是人们的"绿色精神家园"。对它的需求,任何人都存在,政治家也不例外。政治家的政治军事活动与他们的文化休闲活动融为一体。从近代开始,延续到现代,政治风云人物在从事政治、军事、经济活动的同时,也大规模地开发庐山。他们启动了庐山避暑疗养大规模建设,使庐山具备了休闲疗养的良好基础,包括生活条件、生态条件以及文化条件,为现代旅游的旅游休闲活动奠定了扎实的基础。

第六节 社会建构的庐山文化景观价值体系

庐山文化景观价值体系在内容、实践形式上的延续及变迁与中国社会、文化、环境的所有变化相关联。庐山文化景观价值主题与这些背景深度相关,凸显庐山文化景观价值体系的社会建构性本质。

晚周、魏晋、晚明和晚清是中国历史上几个极为重要的时期。晚周时期,中国最早的一流思想家涌现,诸子百家争鸣,形成中国的思想源头,这一时期也被西方文化学者视为世界文化历史的轴心时代。魏晋时,佛教传入中国,成为中国文化吸收、融合外来文化的典型例证,尽管中国文化的主体位置未发生动摇,但佛教的传入充实并重塑了新思想。晚明时期，以汉族为主体的中国传统文化经历了剧烈的文化冲突；而晚清是从传统到现代的转折点，东西方文化激烈碰撞，中国延续几千年的统治秩序、文化传统和社会结构发生大变局，中国文化的主体地位和国家的主权地位，发生了根本性动摇。晚清以来，洋务运动、维新变法、启蒙新民、军阀争斗、战乱、文化革命等一系列剧烈的革命运动和社会变革波及中国社会各个层面，造成了中国社会近现代以来翻天覆地的变化，也造成了文化语境的巨大变迁。

庐山文化景观价值体系的产生、延续与变迁与上述中国历史的重要时期之间存在高度对应关系。晚周时，儒家思想在本体论上将人与自然结合，道家则使大自然成为中国人的生活哲学和美丽、浪漫的理想，儒道使中国人成为自然的一部分，居于自然成为中国人的传统价值观之一。此时，庐山已有稳定的人类聚居活动，人类的生存方式及空间与山建立起联系。魏晋时，庐山是"佛教中国化"的源头及"中国佛教化"的传播中心，形成了"山水佛"的自然观；同时，在本土儒、道思想的基础上，庐山吸附佛教文化，创构了自然审美的价值观，促成了中国人与自然的关系从宗教的、哲学的转向了情感关联的审美；在自然中"居"和"游"也成为建立这种关系的行为实践方式。庐山对佛教文化的吸收，为中国文化贡献了体现包容性的特质，展现出中国文化对异质文化尊重的风范和吸纳、消融的能力。同时，庐山为中国传统文化创造、贡献了山水文化的基本形式和内容。源自轴心时代的儒、道、佛思想观念在庐山长期和谐共处，在很大程度上影响着中国名山风景名胜区宗教布局的格局。晚明时，庐山是满族统治者为巩固其对汉族的统治，建构国家认同感的阵地。晚清时期，牯岭镇的开发使庐山成为中国唯一的位于自然中的国家主权及东西方文化交锋的战场。在激烈的政治动因作用下，庐山吸附了西方现代文明的文化成果，包括多元宗教。大规模的改造自然，极大改变了庐山的景观，也为庐山自古以来就有的旅游主题增添了避暑、度假等新内容。晚清以降，国民政府的"夏都"计划进一步将牯岭地区建设成为真正的云中山城。新中国成立后，庐山在政治、经济动荡中，延续改造自然、建设山居城市、避暑旅居等主题，发展出休疗养的功能价值。在改革开放及全球化影响下，旅游及景观作为财富和权力象征的价值主题得到了强化和凸显。

庐山文化景观价值体系经历了漫长历史时期的动态变化。一些与中国传统密切相关的传统价值主题，如居于自然、山水审美、宗教建构、游于自然及改造自然等得以延续，也发生变化，如当地居民的生活与自然生态恢复的保护策略发生冲突，文化消费和高雅文化的衰落，宗教世俗化和符号化，游的目的从道德、伦理等精神追求变为逃离拥挤的城市生活，自然建造的动因从人文转向政治与资本等。一些价值主题中断了，如儒学教育及书院文化；同时，也出现了一些新兴的主题，如风景资源被资本、政治操控，搬迁村民、生态恢复、自然作为特权象征等。但新出现的主题并非彻底否定传统价值，而是从与传统价值的勾连、对抗和转换中逐渐改变形成。所有这些变化都是基于中国历史、社会环境的变迁,一方面,在根本上由中国人的自然价值观及其变化所主导;另一方面,也离不开价值的社会实践。今天,这些价值主题被嵌入风景名胜区的种种社会和文化冲突中。

总之,庐山文化景观价值体系是在文化、社会层面上由漫长的传统发展演变而来。在自然中追求与精神世界和谐、生命美感有关的哲学、文化、道德和审美的传统,正在转变为全球化的文化消费。但是,庐山案例研究也充分显示,中国人对庐山人文特征的认知,反映出积淀在中国人内心深处的对自然的文化价值的认同。这是一种特定的心理积习,因而同普通民众的生活世界密切相连,化为人们在日常生活中的行为模式和价值取向。传统文化绵延至今的"精神链条"并没有断裂,出现的一部分断裂,是在文本、制度或者一部分观念层面上发生的断裂。中国人的传统自然价值观在人们未察觉的潜移默化中展现出其强大的生命力,它至今仍然存在于中国人的生活世界中。比如,人们追求人文的感官享受、偏爱在自然界中建造等。

6

武陵源世界遗产与可持续旅游试点项目

由联合国教科文组织认定的世界遗产是全球最重要的旅游目的地,在世界遗产保护与管理面临的诸多挑战中,遗产保护与旅游发展的矛盾最为突出,可持续旅游是世界遗产地面临的全球性课题。2012年,世界遗产委员会在俄罗斯圣彼得堡第36届世界遗产大会上通过了联合国教科文组织"世界遗产与可持续旅游"项目(UNESCO World Heritage and Sustainable Tourism Programme,WH+ST)。该项目确立了联合国教科文组织与联合国世界旅游组织共同承担保护世界遗产突出普遍价值的职责,提出以世界遗产价值的认知、保护、传播、展示和体验为核心的可持续旅游方法和策略,强调世界遗产的公众教育和价值传播,以可持续旅游为引擎,带动世界遗产地社会、经济、文化的全面发展。

中国世界遗产数量多,类型丰富,游客数量大,遗产地在获得经济利益的同时也面临着许多环境、遗产保护和管理上的压力。同济大学韩锋教授曾代表中国政府担任WH+ST项目指导委员会亚太区国家代表。2017年,由联合国教科文组织亚太地区世界遗产培训与研究中心(上海)(World Heritage Institute of Training and Research for the Asia and the Pacific Region under the auspices of UNESCO(Shanghai),WHITRAP)负责开展首批中国试点项目,韩锋教授主持,并由WHITRAP项目专员李泓配合组建了项目团队,笔者有幸受邀担任了该项目的高级研究员,深度参与并完成项目。项目团队甄选了中国湖南省的武陵源风景名胜区世界自然遗产(以下简称为"武陵源世界遗产")和中国贵州省的海龙屯世界文化遗产作为项目的两个试点地,在2017年与2018年两年时间内,深入遗产地调查、研究,与地方政府一起群策群力。项目将WH+ST行动计划细化到地方的多规合一管理机制中,通过提高对突出普遍价值的认识,阐述环境、文化、经济的关系,协调各利益相关者的诉求,提出从游客管理、旅游产品、服务提升到社区发展等方面的政策和方法建议,并促使武陵源风景名胜区在2020年IUCN世界自然遗产保护评估中的级别从"重点关注类"升档为"一般关注类"。项目得到地方政府、评审专家和联合国教科文组织世界遗产中心官员的高度认可。

第一节　武陵源WH+ST试点计划

一、武陵源世界遗产入选缘由

武陵源风景名胜区于1992年被列入《世界遗产名录》,是中国首批入选世界遗产的三个自然遗产之一。自入选以来,武陵源世界遗产的保护与旅游发展的矛盾一直十分突出,受到国际、国内重点关注。世界遗产委员会已要求遗产地分别于1998年、2002年、2012年、2015年、2019年提交《武陵源世界遗产保护状况报告》,IUCN将其列入"重点关注"类别,遗产地迫切寻求遗产保护与旅游发展的可持续路径。

武陵源世界遗产是中国首批以资本介入发展旅游的遗产地，其旅游产业一直是武陵源区乃至张家界市的经济支柱，是当地居民赖以生活的主要收入来源，是中国遗产地旅游的标杆。其旅游发展模式、遗产保护与旅游发展之间的矛盾，具有典型性和代表性，突出反映了中国国情及社会发展等综合性问题。深入探究武陵源世界遗产保护和可持续旅游发展的症结问题，探索针对性的解决方法和发展路径，有助于帮助世界遗产地管理者、旅游专家、保护专家以及遗产地社区理解可持续旅游的可能性和关键优势，提升各利益相关方有关世界遗产保护与可持续旅游发展的意识与能力，平衡各方的参与与合作。在更好地保护武陵源世界遗产突出普遍价值的同时，维持旅游供给地区生态环境的协调性、文化的完整性，提升游客体验、确保该地区旅游业的发展收益，从而促进地方经济的良性循环，改善当地居民生活水平，最终实现遗产保护和旅游发展的共赢；同时，将其示范性和代表性通过世界遗产平台传递给世界。

二、武陵源世界遗产保护历史

作为世界遗产及世界地质公园的武陵源风景名胜区，在受到国内各项政策法规约束的同时，也受到了国际管理政策的约束，需要接受世界遗产组织的监测与评估。历年来武陵源世界遗产所呈现的问题与状况，深刻地反映了遗产保护与旅游发展的尖锐矛盾。

1998年9月，湖南省张家界市武陵源区人民政府、湖南省武陵源风景名胜区管理局向世界遗产委员会提交《武陵源世界自然遗产第一轮定期报告》。同月，世界遗产中心和IUCN对武陵源进行反应性监测考察。评估报告对其保护状况提出尖锐批评："缺乏对武陵源在生态学和生物多样性方面所具备的突出普遍价值的研究，缺乏集中、合作的关于生物多样性保护的思考。""武陵源已经成为被精耕细作的农业和快速发展的旅游业包围的自然孤岛。专家组对1992年IUCN评估后至今该遗产地的旅游基础设施建设程度感到震惊，城市化已经蔓延到山谷的入口和山峰顶端，这对自然保护的影响不可估量。""武陵源现在是一个旅游设施泛滥的世界遗产景区，对景区更大范围的生物多样性价值造成的有害影响尚不清楚，但是，对美学影响显著。大部分景区现在像是一个城市郊区的植物园或公园。""从整体来看，在建设上与规划保护上的差距很大，没有很好的协调设计，以致对自然环境造成一定的危害。"1998年世界遗产大会采用世界遗产中心和IUCN的报告，对武陵源遗产地保护状况作出决议："该遗产地旅游设施过度运行，对遗产地的美学品质产生了重要影响。中国政府未采取任何措施实施世界遗产委员会在1992年将该遗产地列入世界遗产名录时提出的建议：'筹备物种保护状况报告，决定该遗产地是否具备满足世界自然遗产标准(iv)的潜力。'目前仅以满足世界自然遗产标准(viii)而列入世界遗产名录。"

武陵源区委、区政府于1999年作出了搬迁核心景区建筑物的决定。1999年到2001年，武陵源区对景区建筑物实行了"世纪大拆迁"。武陵源分两期拆除了核心景区内的124家接待设施，搬迁了546户共1791名常住居民，拆除面积达19.1万平方米。

2000年，武陵源区成立了管理城镇规划建设和遗产保护的议事机构——遗产保护规划建设管理委员会，区委、区人大、区政府、区政协为该管理委员会的成员，对有关遗产保护的重大问题进行集体议事决策；同时成立了遗产办公室，武陵源风景名胜区管理局是遗产保护的最终法人。2001年1月1日，为使世界遗产保护更加有法可依，我国第一个保护世界自然遗产的地方性专门法规——《湖南省武陵源世界自然遗产保护条例》由湖南省人大审议颁布实施，使武陵源资源保护工作有了法律保障。2002年9月，湖南省张家界市武陵源区人民政府、湖南省武陵源风景名胜区管理局向世界遗产委员会提交《定期监测报告：武陵源世界自然遗产现状定期报告》；2011年12月，提交《武陵源世界自然遗产第二轮定期报告》。

2014年，《IUCN关于武陵源风景名胜区保护展望报告》再次对武陵源世界遗产保护提出严厉批评，指出武陵源在遗产价值保护中存在严重问题和威胁，包括以自然特征为主的突出普遍价值下降，旅游与游憩、水利设施建设的高威胁，旅游和解说、与当地社区居民的关系、对区域和国家规划体系的整合以及保护与管理等问题，并将武陵源风景名胜区列入"重点关注类"世界遗产。2015年2月11日，联合国教科文组织世界遗产中心致函中国驻世界遗产中心大使，告知武陵源被归于"重点关注类"世界遗产，并将在2015年6月28日至7月8日在德国波恩召开的世界遗产委员会第39届大会上审查武陵源的保护状况。2015年3月，中华人民共和国住房和城乡建设部向世界遗产委员会提交世界自然遗产《武陵源风景名胜区保护状况报告》。2015年，第39届世界遗产大会就武陵源世界自然遗产保护状况作出了9条决议(39COM 7B.10)，包括认可中国在遗产地和缓冲区范围内管理污染产生的影响及拆除违章旅游设施和建筑方面的持续努力，并要求中国保证受影响的当地社区居民纳入第三期拆迁工作；注意到并担忧遗产地内为游览而建的三条索道、一架电梯和一条有轨电车会给遗产的突出普遍价值带来消极的视觉影响，并要求保证将来不在遗产地内进行类似的建设；敦促保证遗产地范围内不再修建新的道路，并保证遗产地范围外的公路建设不对遗产的突出普遍价值产生负面影响；要求向世界遗产中心提交《武陵源风景名胜区总体规划(2005—2020)》；鼓励中国以世界遗产可持续旅游项目开发的新的在线学习模块为基础，进一步强化旅游发展战略等。2016年8月，湖南省张家界市武陵源区人民政府向住房和城乡建设部提交世界自然遗产《武陵源世界遗产地——2015年度保护管理状况报告》。

2019年7月，世界遗产委员会对武陵源世界自然遗产保护状况作出9条决议(WHC/19/43.COM/18)：认可中国在遗产地和缓冲区范围内管理污染产生的影响及拆除违章旅游设施和建筑方面的持续努力；注意到中国已采取积极措施，尽量减少遗产地内现有缆车、电梯和有轨电车等旅游基础设施对遗产的突出普遍价值带来的影响，确认没有在遗产地内进行类似的建设；但注意到其他基础设施项目已获批准，对中国没有提交《武陵源风景名胜区总体规划(2005—2020)》感到遗憾，并要求尽快向世界遗产中心提交总体规划的修订方案以供审阅；注意到中国为发展遗产地可持续旅游采取的措施,要求完成武陵源世界遗产可持续旅游发展策略,以及相关的其他管理文件;注意到中国在实施搬迁项目期间促进当地社区积极参与的努力,并进一步要求确保任何此类方案符合 2015 年关于将可持续发展观点纳入《世界遗产公约》进程的政策文件,确保有效协商、公平补偿、获得社会福利和技能培训以及维护文化权利;最后,要求中国在 2020 年 12 月 1 日前向世界遗产中心提交一份关于该遗产的保护状况和上述执行情况的最新报告,供世界遗产委员会 2021 年第 45 届会议审议。

三、武陵源世界遗产试点内容与目标

以上历程,反映出武陵源世界遗产地在突出普遍价值的保护与管理、旅游与世界遗产保护以及社区发展之间存在严重冲突。如何实现"有节制的发展",使可持续的遗产旅游成为世界遗产保护和遗产地社会经济发展的桥梁,是武陵源世界遗产地亟待解决的关键问题。以问题为导向,结合 WH+ST 五大目标和武陵源世界遗产地存在的实际问题与需求,确定武陵源世界遗产试点的两个研究和示范专题:①世界遗产突出普遍价值与可持续旅游;②世界遗产地旅游与社区可持续发展及保护。

试点项目的具体目标如下。

(1) 在武陵源世界遗产地宣贯世界遗产保护与管理、WH+ST 项目的理念和方法,创造平台,加强利益相关者多方对话,促进多方协同合作,推进 WH+ST 项目的实施。

(2) 加强对武陵源世界自然遗产突出普遍价值及其载体的再认识,加强遗产地管理能力建设,提高遗产地管理水平。组织遗产地现场培训,阐述、宣传武陵源的突出普遍价值,建立以世界遗产突出普遍价值保护为核心的发展共识,探寻以突出普遍价值的保护、解说、传播和体验为中心的可持续旅游发展之路。

(3) 深入武陵源世界遗产地现场调研,分析不同利益相关者对遗产价值认知的差距、保护和管理现状与世界遗产保护要求之间的差距,洞悉遗产保护与社区发展之间、旅游发展与社区参与和受益之间的矛盾,查找症结问题,提出解决问题的方法和途径,促进地方可持续发展。

(4) 通过 WH+ST 试点项目,加强与世界遗产中心和国际组织的沟通,切实回应世界遗产委员会对武陵源世界遗产的保护要求,履行中国政府保护世界遗产的庄严承诺,赢回国际尊重。坚持道路自信,探索中国特色的世界遗产地可持续旅游发展之路,使武陵源世界遗产地保护与可持续发展示范具有国际前沿性和先进性,实现从跟跑到引领的转变。

四、研究问题、技术路线和研究方法

围绕"世界遗产的突出普遍价值与可持续旅游"和"世界遗产地旅游与社区可持续发展及保护"两大专题,提出两个关键性研究问题:①如何基于武陵源世界遗产突出普遍价值实现旅游的可持续发展?②社区如何参与旅游活动,以促进遗产地的保护和可持续发展?

价值认知是行动的根源。武陵源世界遗产试点项目基于世界遗产突出普遍价值的保护,应用《世界遗产与可持续旅游工作手册》和《世界遗产与可持续旅游分析框架》,总结WH＋ST非洲能力建设项目、北欧－波罗的海试点项目以及东南亚以社区为基础的管理与可持续旅游项目的经验,结合遗产地现状问题,制定技术线路图(图6.1)。

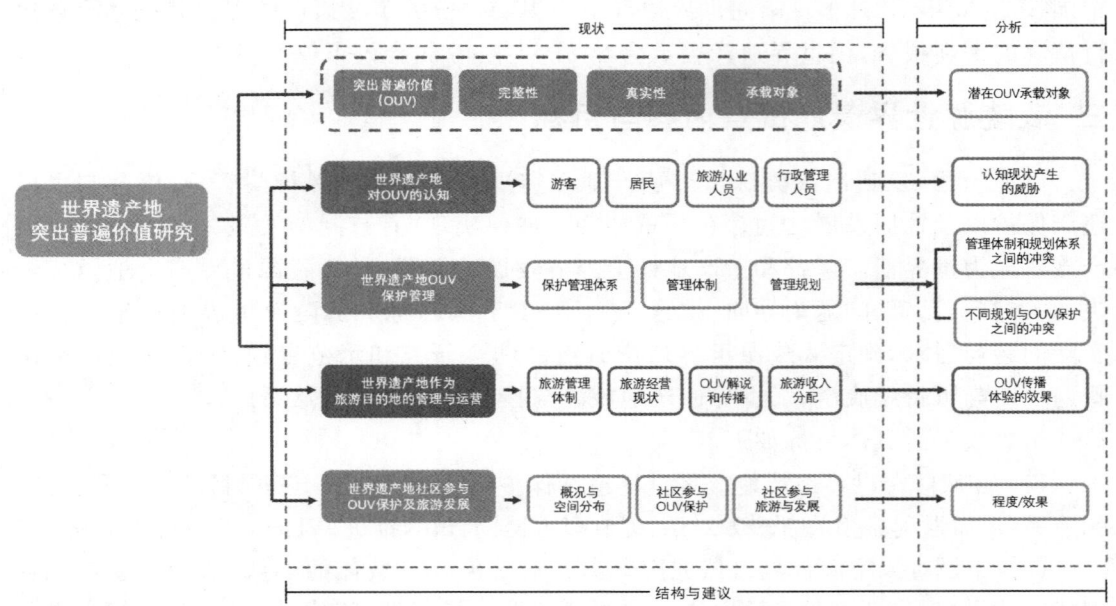

图6.1　武陵源风景名胜区WH＋ST项目技术线路图[①]

在试点项目研究和示范的具体过程中,项目组运用了以下研究方法。

(1) 文献研究和分析。全面检索、收集与武陵源世界遗产相关的基础文献报告,对其世界遗产申报、评审、保护现状报告、决议等国际文件,以及规划、政策法规、保护管理、旅游发展、人文社会等遗产地基础文件等文献进行全面的研究和分析,确立保护的核心价值及其保护对象,了解遗产地保护和发展的基本状况。

(2) 现场调研与公众参与。深入武陵源世界遗产地,进行实地探勘、深度访谈和讨论,对武陵源世界遗产的突出普遍价值及其载体的保护状况以及遗产地利益相关者基本状况进行深度考察。2017—2018年期间,项目组对遗产地全区进行了多次现场调研。考察期间,项目组还与张家界市直单位、武陵源区直单位以及其他利益相关者进行了会议访谈,了解世界遗产保护和旅游发展状况以及社会发展问题。对居民、旅游从业人员、游客、行政管理人员四个重要利益相关者群体进行深度调研,了解各利益相关方之间存在的利益关联与冲突。

(3) 数据采集及问卷分析。针对遗产地四大利益相关者(游客、居民、旅游从业人员、行政管理人员)设计了调查问卷,并收集了有效问卷。运用SPSS等软件对问卷进

---

① 图6.1来源:韩锋,等,2020.世界遗产武陵源风景名胜区[M].上海:同济大学出版社.

行系统的数据综合分析,提取重要信息,形成分析报告。

(4) 能力培训与项目示范。为使武陵源遗产地各利益相关者能够进一步了解国际世界遗产理念和试点项目目标,了解武陵源在遗产保护与可持续旅游发展领域存在的冲突问题,项目组于 2017 年 9 月 4 日至 6 日在武陵源区,主办了面向湖南省直单位、张家界市直单位和武陵源区直单位共 209 名行政管理人员的"世界遗产与可持续旅游工作营",包括专题讲座和小组讨论,以提高遗产地管理者的认知及建设管理能力,并促成了项目在基础较好的龙尾巴村的试点示范。

第二节 武陵源世界遗产的突出普遍价值及其载体再认知

一、武陵源世界遗产概况

武陵源世界遗产,位于中国湖南省西北部武陵山脉腹地,湖南四大水系之一澧水的中上游,东经 110°20′30″～110°41′15″,北纬 29°16′25″～29°24′25″。遗产区面积 26 400 公顷,缓冲区面积 12 680 公顷(图 6.2),依托武陵源风景名胜区进行管理,同时拥

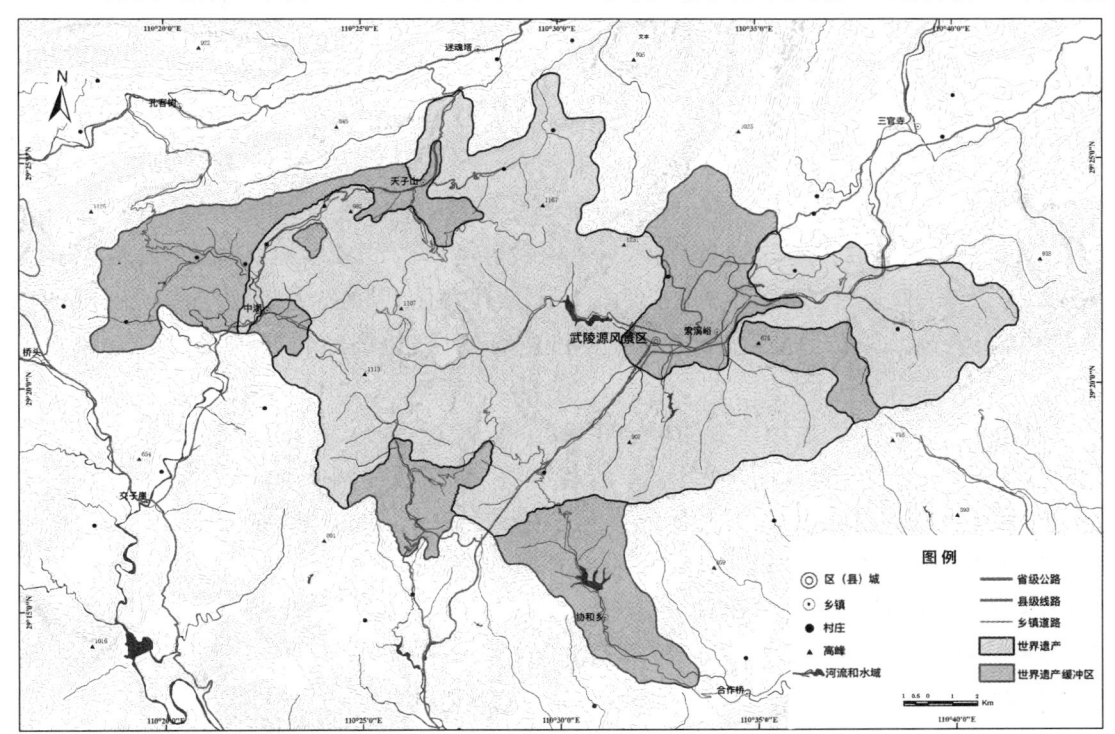

图 6.2 武陵源世界遗产区与缓冲区范围[①]

---

① 图 6.2 来源:世界遗产中心网站,https://whc.unesco.org/en/list/640/maps。

有国内首个"国家森林公园",首批"世界自然遗产""世界地质公园""5A级旅游景区""全国文明风景旅游区"等多块金字招牌。

地处中国西部高原亚区和东部丘陵平原亚区交界地带的武陵源风景名胜区,海拔300～1300米,属亚热带季风气候区,其气候温和湿润,四季分明,雨量充沛,冬无严寒,夏无酷暑,年均降雨量1400毫米,年均气温16.4摄氏度。武陵源自然景色绮丽壮观,资源丰富,生态完整,庇护着大量濒临灭绝的动植物物种,多样的生态系统和珍稀的动植物资源展现了卓越的生态美,具有重要的科学和美学价值。其独特的石英砂岩峰林地貌为国内外罕见,被国际学术界命名为"张家界地貌"。1992年,武陵源风景名胜区因其独特的自然美和审美重要性价值,以自然遗产标准(iii)(现标准vii)被列入《世界遗产名录》,同时具有符合世界遗产标准(x)的潜力。

武陵源以奇峰、怪石、幽谷、秀水、溶洞"五绝"闻名于世,其幽深的谷壑、茂密的森林、多姿的溪涧、变幻的烟云、奇妙的溶洞和淳朴的田园风光,构成一幅奇、秀、幽、险、野的立体长卷画,蔚为壮观。溪、泉、湖、潭、瀑等异彩纷呈,武陵源因此享有"秀水八百"之美誉。

二、武陵源世界遗产的突出普遍价值

1992年12月,武陵源风景名胜区因符合世界自然遗产遴选标准Ⅲ(现标准vii)被列入UNESCO《世界遗产名录》。在UNESCO世界遗产中心官方网站上,其被认可的突出普遍价值表述如下。

概述:武陵源遗产地是位于中国湖南省的一个人口稠密农业地区的自然岛屿。3000多座细长狭窄的石英砂岩峰林构成壮观的景象,绵延约26 400公顷,许多石柱高达200多米。在高耸的峰峦之间,沟壑、峡谷纵横,溪流、池塘和瀑布遍布,并有两座大型的天然石桥和大约40个溶洞,方解石矿床是这些溶洞的显著特征。除了壮观的锯齿状石峰、繁茂的植被覆盖和清澈的湖泊和溪流外,该遗产地也是许多濒危动植物的家园。

标准(vii):武陵源数量众多的砂岩柱和山峰(超过3000座)非常壮观,再加上其他地貌(天然的桥梁、沟壑、瀑布、溪流、水池和溶洞)和茂密的阔叶林,呈现出一种审美意义上的美丽景观,在云雾烘托中尤为美丽。遗产地内还有40多个溶洞和两座天然形成的巨大石桥,其中一座高出谷底高达357米。遗产地的提名评估注意到,该遗产地为亚洲豺犬、亚洲黑熊和中国水鹿等众多濒危动植物提供了重要栖息地。因此,如果有其他补充材料,该遗产地经过论证有可能同时满足标准(x)而被列入世界遗产。

完整性:武陵源遗产地边界覆盖了展现其世界遗产自然美价值的所有要素及其区域,包括缓冲区。该遗产地的完整性问题包括遗产地内及周边民众对保护区的利用所带来的人为压力以及游客所带来的巨大压力,大量旅游设施也对遗产地的自然价值造成审美影响。

三、突出普遍价值的载体

由上可知,武陵源世界遗产杰出的自然审美价值,来自其独特的地质、地貌景观,以及生物多样性,它们是武陵源世界遗产突出普遍价值的承载对象,也是世界遗产完整性的保护对象、解说对象和展示对象(图 6.3)。

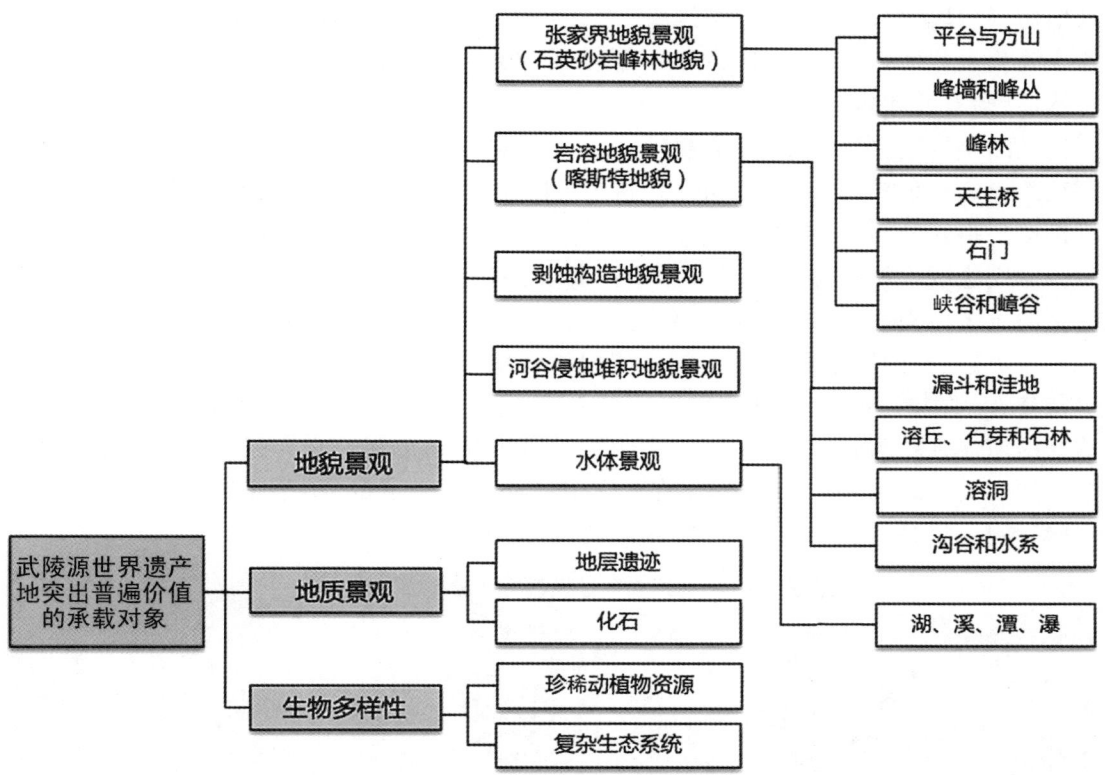

图 6.3　武陵源世界遗产突出普遍价值承载对象结构图[①]

(一)地貌发育过程的完整性及其承载对象

武陵源在区域构造体系中处于新华夏第三隆起带。在漫长的地质历史时期内,大致经历了武陵—雪峰、印支、燕山、喜山及新构造运动。武陵—雪峰运动奠定了本区的基底构造,印支运动塑造了本区的基本构造地貌格架,而喜山及新构造运动是形成武陵源奇特的石英砂岩峰林地貌景观的最基本的内在因素之一。据考证,千百年来,该区未出现过较大的气候异常、水土流失、岩体崩塌或大规模的森林病虫害,依然保持着一个结构合理而又完整的生态系统,具有极高的美学价值和科学研究价值。

其一,完整的地貌发育过程。武陵源石英砂岩峰林地貌的发育演化大致归纳为以

---

① 图 6.3 来源:韩锋,等,2020.世界遗产武陵源风景名胜区[M].上海:同济大学出版社.

下六大阶段:①距今 4.4 亿～2.5 亿年间的准地台区滨海沉积过程——沉积盖层发育阶段;②距今 1.5 亿～1.0 亿年间的燕山运动所导致的逆冲褶皱过程——造山隆起阶段;③古新世—渐新世的剥蚀夷平过程——湘西期准平原状高原面形成阶段;④晚渐新世—中新世的夷平面切割解体过程——索溪峪期切割阶段;⑤晚中新世—上新世的侵蚀夷平过程——张家界期宽谷面形成阶段;⑥第四纪河流切割和溯源侵蚀过程——澧水期切割阶段。武陵源石英砂岩峰林地貌发育过程完整,台地→方山→石墙→石柱→峡谷演化过程清晰,发育时间因素可测性强,在砂岩地貌景观中具有系统性、完整性、自然性、稀有性和典型性等自然属性。

其二,承载对象之张家界地貌(石英砂岩峰林地貌)景观。张家界武陵源砂岩峰林地貌的形成是地史时期内、外动力共同作用的结果。其中砂岩峰林地貌所在的构造部位是被夹持在桑植、慈利之间一系列较大型、紧闭的北东向褶皱带中的一个圆形穹状向斜。周缘的大型褶皱构造使该小型向斜在造山隆升过程中避免遭受强烈的地表破坏。而位于该向斜构造层上部二叠纪灰岩与泥盆纪云台观组之间厚数十米的坚硬的铁质石英砂岩(即所谓的"铁帽层"),使得下伏的石英砂岩层早期免受破坏,从而得以保留至今。在厚层砂岩层被剥露出地表之后,砂岩峰林地貌的形成主要是在构造抬升诱发的河流强烈下切过程、河流顺多组构造节理的溯源侵蚀与切割过程、斜坡后退及伴生的重力崩塌过程三种外动力地质作用的塑造下完成的,主要呈现为平台与方山、峰墙、峰丛、峰林、天生桥、石门、峡谷、嶂谷等景观(图 6.4)。

图 6.4 (左—右)峰墙与峰丛景观;峰林;天生桥①

其三,承载对象之岩溶地貌景观。岩溶地貌主要发育于大子山短轴向斜核部二叠系如喻家咀向斜核部二叠系、三叠系碳酸盐岩分布区,海拔 300～1200 米,总面积 80.6 平方千米。岩溶地貌主要发育在三叠系嘉陵江组厚层状灰岩、白云质灰岩中,呈现为漏斗、洼地、溶丘、石芽和石林、溶洞、沟谷和水系等景观。

其四,承载对象之剥蚀构造地貌景观。此类景观有侵蚀剥蚀构造中山、侵蚀剥蚀低山和溶蚀剥蚀丘陵三种。侵蚀剥蚀构造中山海拔 800 米以上,相对高度大于 300 米,包括单面山、石英砂岩峰丛地、鲤脊"V"谷中山。侵蚀剥蚀低山分布在前述弧形中心带外围,海拔 800 米以上,相对高度为 100～300 米。山势较缓和,河谷呈开阔的"V"形,

---

① 图 6.4 来源:韩锋,等,2020.世界遗产武陵源风景名胜区[M].上海:同济大学出版社.

下游谷底有较宽的阶地。溶蚀剥蚀丘陵分布在东北部的呈家峪一带,海拔 300 米以下,高差小于 50 米。地层为三叠系巴东组,上部紫红色粉砂岩形成丘顶,而底部为灰岩,因而表现出某些溶蚀现象,如形成漏斗等。

其五,承载对象之河谷侵蚀堆积地貌景观。此类景观分布在军地坪以下的索溪河谷及泗南峪、郑家峪、野溪铺等河谷地带,在军地坪——沙坪村最为宽广,分河床、河漫滩、阶地、山前冲洪积扇等地貌形态。以沙坪村为中心的凹陷盆地,第四纪沉积厚度达60 余米,形成三级阶地。该地貌类型可分为山前冲洪扇、阶地和高漫滩。

其六,承载对象之水体景观。遗产地属亚热带季风气候区,气候四季分明,日照充足,年均气温 16.4 摄氏度。年降雨量为 1200～1600 毫米,平均无霜期 240～300 天。遗产地水系发育,属澧水上游一级支流溇水的次一级支流索溪水系。该溪由西往东穿过遗产地,于"水绕四门"以上称"金鞭溪",至索溪峪后则称"索水"。因断裂抬升和侵蚀作用,在砂岩峰林区形成了激流深潭和大叠水,著名飞瀑有"天悬百练""鸳鸯瀑""吊水岩""紫草潭""跳鱼潭"等。全区水资源总量为 13.13 万立方米/天,其中地下水资源量为 12.75 万立方米/天,占总量的 97.12%,地下水资源在遗产地水资源中占有重要地位。石英砂岩峰林地貌、岩溶地貌等地貌与武陵源水文系统的复杂演化关系,完整而鲜明地体现了武陵源区域水文特征,及其在自然地理环境形成演化中的作用。

(二)地质史的完整性及地质类型的承载对象

其一,完整的地质史。砂岩峰林所展现的发育演化历史是区域构造间歇性抬升、共轭垂直节理剪切、流水侵蚀切割、峰林演化形成的见证,反映了该地区一段完整的地质历史;保存在志留系—中三叠统的古生物化石是地球生命演化的重要记录。尤其是地层剖面中所采的标准化石及标准化组合,可进行全球性地层对比,具有重要的科学意义。

其二,承载对象之地质遗迹与化石。园区内实测中志留统小溪组、中泥盆统云台观组、二叠系地层剖面共计 3 条,是研究公园区内各套地层岩性的发育程度、接触关系、沉积厚度及沉积古地理环境的可靠的基础资料。天子山龟纹石化石产于早二叠世的灰岩中,当珊瑚个体联生呈多角状复体时,所组成的花纹图案很像乌龟背上的花纹。这种被称为"龟纹石"的珊瑚集合体具有很高的科研价值和工艺美术价值。

(三)完整的生态系统和生物多样性

武陵源保持的结构合理而又完整的生态系统,不仅生物种类多,而且生态类型复杂,具有极其重要的科研和美学价值。

其一,丰富的原生植物种质资源和濒临灭绝的物种。武陵源遗产地保留了长江流域古生代植物群落的原始风貌,其中武陵松分布最广,数量最多,形态最奇。在遗产地通过标本鉴别的 1300 余种植物种类中,木本植物有 94 科、252 属、600 种;有国家一级保护树种著名的"活化石"珙桐,二级保护树种 11 种,三级保护树种 16 种;有经济用材 200 多种,药用植物 700 多种,以及珍稀树种。

其二,区系成分复杂,华中成分占优势。武陵源植物区系属中国—日本区的华中植物区,武陵源是华中植物区的核心地带,与鄂西、川东、黔东北共同构成华中植物区的典型位置。在动物地理上,武陵源地区属东洋界的华中区,处于华中区的西部高原亚区与东部丘陵平原亚区的交接地带。动物区系南北过渡,东西混杂的情况与植物相似。

其三,区系起源古老。由于地史的原因,此地系第四纪冰川期的避难所,古老残遗植物保存甚多,尤其富有中国特有植物,是中国植物区系中最有代表性的自然遗产保存地之一。在古老孑遗种类方面,这里出现了中国特产的4个单种科,还聚集分布了大量的古老特有属,有一些地方分布有原始古老蕨类等。

其四,地理过渡明显。武陵源地区居中亚热带北缘,地形是山区,气候上明显从亚热带向温带过渡,不仅分布有大量热带—亚热带的生物种类,而且也分布大量暖温带—温带的种类;地理过渡性通过基带植被、蕨类植物,以及脊椎动物和昆虫等的生长和分布中反映出来。植物垂直分布明显,南北坡差异较大。由于光、热、水和土壤、岩性组成等均随海拔高度而变化,其生态环境在空间形成梯度,呈现出明显的植物垂直分布带。

其五,宝贵的野生珍稀动物。武陵源在动物地理分布上属于东洋界华中区,位于西部山地高原亚区与东部丘陵原亚区的交界线边缘。各地动物相互渗透,物种丰富。经初步调查,陆生脊椎动物共有50科、116种,其中《国家重点保护动物名单》中的一级保护动物有金钱豹等3种;二级保护动物有大鲵、猕猴等10种。

第三节 武陵源世界遗产地存在的突出问题

研究通过对武陵源遗产地现状进行调研与分析,从价值认知的根源上发现问题,鉴别出武陵源自然遗产地在世界遗产保护和可持续旅游发展中的重大议题,为制定WH+ST试点项目策略并展开行动示范提供依据。

一、价值认知

价值认知的突出问题集中于以下四点。

其一,各利益相关者群体对武陵源世界遗产自然价值的认知均明显不足。尽管武陵源石英砂岩地质景观已被普遍认知,但各群体对其价值的认识较为直观和单一,主要归纳为"风景优美、自然环境好",对其自然科学价值认知低,尤其是对遗迹化石的价值认知很低。

其二,各利益相关者群体对武陵源世界遗产具体突出普遍价值承载要素的认识普遍不准确、不完整。

其三,因受《武陵源国家重点风景名胜区总体规划(2005—2020)》(简称《05总规》)

规划分区及周边景区的宣传等影响，各利益相关者群体对基于价值载体的遗产范围的认知普遍不清晰，与世界遗产及其缓冲区范围存在较大出入。

其四，值得关注的是，尽管武陵源属于世界自然遗产，但多种角度和各个层面的调查结果都反映出，除了行政管理人员，其他利益相关者群体都较为认可、关注和重视武陵源遗产地的文化价值。究其原因，一方面，或是受到中国自古以来"天人合一"的传统人文主义自然观的影响，文化与自然形成了双向构建的关系，成为武陵源遗产价值的重要附加值；另一方面，在旅游产品的开发中，凸显文化主题的产品开发相较自然主题的产品开发更为成熟，因此文化特性对于各类利益相关者的价值判断影响较大，同时也体现了文化对于各类群体的吸引力。但是，行政管理人员群体对武陵源遗产地历史文化价值和社区价值的认知不足，与其他利益相关者群体的认知存在较大差异，或受限于其保护自然遗产的职责，但不利于遗产地保护管理与社区的协同发展，是需要重视的突出问题。

四大利益相关者群体对武陵源世界遗产地整体价值认知都存在明显缺失，均未能完整、准确地认知和理解武陵源世界遗产价值及其载体对象；且各群体之间对武陵源的遗产类型、具体价值类型、价值载体和遗产范围的认知均有不同程度的偏差，反映出各类群体对于武陵源作为世界自然遗产的概念和突出普遍价值的内涵认知模糊，与世界遗产价值标准存在较大差距。价值认知的突出问题也反映出遗产地在认知渠道方面存在的不足，除了行政管理人员，其他利益相关者并没有准确了解突出普遍价值的官方渠道。遗产价值认知的偏差进而导致了对遗产保护的认知差异，主要问题集中在行政管理人员群体对保护遗产地社区价值的认知不足和偏差、各利益相关者对遗产地社区价值保护的认知差异，以及对遗产地旅游设施建设的美学、生态环境影响等缺乏科学评判，普遍对设施建设的接受度较高，与国际世界遗产机构的评估及武陵源世界遗产突出普遍价值保护的要求存在显见的差距。

对武陵源世界遗产价值的正确认知与共识是武陵源遗产地保护与管理、可持续旅游与社区协同发展的根基；价值认知层面的突出问题表明，加强宣贯和培训，向武陵源遗产地各利益相关者准确阐释武陵源世界遗产从国际到国家和地方的多层次价值，以及完整的自然和文化价值，统一各群体对武陵源世界遗产突出普遍价值及其承载对象的认识，建立坚实的遗产价值共识基础，是武陵源世界遗产保护与可持续旅游发展亟需解决的首要问题。

二、保护与管理

所有武陵源遗产地保护与管理呈现出的突出问题与矛盾，都在根源上与相关的遗产价值认知的突出问题相对应。调研结果反映出遗产地保护管理在以下四个方面存在突出问题。

第一，行政管理人员群体对武陵源遗产地历史文化价值和社区居民价值的认知不足和偏差，反映至武陵源遗产地保护管理目标，表现为仅围绕武陵源世界遗产突出普遍价值,而对遗产地的自然价值与社会文化价值关联、可持续旅游及居民社会经济发展的关注不足,与世界遗产突出普遍价值保护目标的完整性存在差距,致使遗产地保护与地方社会经济的协同发展陷入困境。

第二,武陵源遗产地长期以来并行运作的多种保护地类型及其保护管理体系,割裂了遗产地具有的国际级世界遗产价值、国家级风景名胜区价值与地方价值之间紧密的层级支撑关联,导致了遗产地保护管理中的价值冲突,作为保护管理依据的各层级保护管理政策、法规之间缺乏协调,难以落实突出普遍价值保护。亟须整合遗产地保护地管理体系,统筹遗产地的自然、文化及旅游资源保护与管理。

第三,遗产地保护管理体制未理顺,突出普遍价值的保护主体未统一,存在多头管理的问题;加之各行政管理部门对武陵源遗产价值认知的偏差,以及对遗产地保护管理目标、价值对象等缺乏共识,遗产地价值资源保护在管理机构职责、管理边界、部门协作保护等方面矛盾突出。

第四,多规不统一,遗产地主要管理规划在规划目标、范围、分区、发展利用管控措施以及规划管理部门上均存在差异;与遗产地突出普遍价值保护在规划范围边界、分区及管理归口上的矛盾突出;突出普遍价值保护规划及旅游发展规划未重视与遗产地社区协同。《05总规》实施主体的地位不突出,并且其存在的遗产价值认知局限、价值资源载体识别不完整、规划范围及分区划定与世界遗产资源保护冲突、抑制遗产地社区发展等突出问题,加剧了遗产地管理部门对遗产价值及载体、遗产地范围等的认知偏差,进一步导致规划实施中的各种矛盾和冲突。武陵源遗产地亟须基于遗产价值认知与保护管理共识的、协同遗产保护管理、旅游发展与遗产地社会经济发展的保护管理规划,评估及修编《05总规》,实施"多规合一"迫在眉睫。

三、旅游管理与发展

遗产地旅游管理与发展现况存在以下五个方面的突出问题。

第一,由于遗产地整体遗产价值及其突出普遍价值未能得到不同保护地旅游发展管理部门的全面确认和认同,遗产地旅游管理和发展也存在多头管理下多种规划、战略、目标和内容之间相互冲突的问题,遗产地价值认知的不完整也导致了遗漏及未充分利用遗产地社区价值和资源以发展旅游的局限。

第二,旅游管理部门与遗产资源管理部门联系很弱。旅游管理及发展未与遗产地价值及资源对象建立紧密的逻辑关联,表现为遗产地信息不规范,未能充分和准确地宣传遗产地的核心价值;游客中心解说、传播遗产价值的功能缺失;旅游线路组织设计没有充分利用遗产资源,未能突出以遗产价值和资源展示及体验为主,难以引导游客完整充分地认识和体验遗产地价值;旅游纪念品和文创产品设计与突出普遍价值及其载体关联性不足、产品附加值低;等等。

第三,人们对武陵源世界遗产突出普遍价值和保护方式的认知偏差反映出武陵源作为世界遗产在旅游解说及宣传方面的问题。遗产地面向游客的突出普遍价值传播存在世界遗产价值宣传不突出、宣传渠道覆盖不全面、解说内容不准确等问题,这与遗产地解说要求的极强的专业性差距很大,影响了游客对于武陵源遗产核心价值的认知和高质量的遗产体验。遗产地解说与传播尚有很大的提升空间。

第四,遗产地内的大型旅游交通设施和过度集中的旅宿餐饮服务设施对遗产价值及资源环境保护仍是严峻的挑战,与游客充分体验遗产价值存在矛盾,缺乏良好的规划引导,与地方经济发展协同不足。

第五,旅游收入的分配对遗产保护和当地社区发展反馈不足,难以支撑遗产地旅游可持续发展。

总体上,遗产地旅游管理与发展现况,距离WH+ST强调的围绕遗产核心价值进行保护宣传、解说、传播、展示体验的发展目标尚有较大差距。

四、社区参与遗产保护与旅游

武陵源遗产地社区与遗产保护和旅游产业发展之间既相互依存又存在矛盾,主要问题反映在如下四个方面。

第一,遗产地经济尚未形成有机的经济内在联系,居于遗产地产业主导地位的旅游业对其他产业,尤其是农业经济的带动作用不足。存在的问题包括:农业发展落后于旅游业,农业生产供销市场与本地旅游大市场错位,以及社区在遗产地旅游经济中的参与度不足、获益少,无法满足和支持旅游业快速发展的需要等。旅游产业与社区协同发展的经济产业结构基础有待完善。

第二,由于遗产地保护管理所依据的《05总规》对遗产地社区居民价值认知和遗产保护区划边界、管控存在局限或不合理,其实施后造成了遗产地经济空间发展的不平衡,加剧了遗产地城乡经济差距、城乡居民收入空间差异和遗产核心保护区内外村居经济空间的差异。社区集体经济薄弱,居民收入低且差距扩大,引发了遗产地保护管理、旅游发展与居民社会生存发展之间的矛盾冲突。

第三,缺乏对社区旅游产业发展的整体性引导,社区参与旅游呈无序自发状态。各群体对遗产地社区的传统文化智慧、生态智慧的价值挖掘和认知尚不充分,社区对自身文化在遗产价值体系中的地位缺乏自信。社区旅游与遗产价值及资源、生态旅游的结合度不高,社区尚未能真正有效地参与遗产地保护管理与旅游发展,对旅游产品中的附加值贡献不够。

第四,政府对社区居民参与遗产地旅游经营和管理的扶持较少,尚未形成完善的资金和培训等方面的遗产地旅游支持体系,在社区居民受教育程度普遍不高的情况下,社区参与的能力与遗产地发展要求并不匹配。

世界遗产的保护管理与居民的发展诉求之间的矛盾,是国际遗产保护面临的普遍问题,而旅游正是架设在这对矛盾之间的桥梁。精心设计和管理的旅游产业可以创造就业机会,为社区提供"旅游生计",带动当地社区发展。因此,以可持续旅游为工具,将社区发展纳入遗产地保护与发展的框架,是本项目需要进行的重要探索和示范。

第四节 武陵源WH+ST试点项目示范行动

一、世界遗产地能力建设培训

在武陵源WH+ST试点项目开展的两年时间里,针对调查中所发现的武陵源世界遗产地突出问题,项目组在全区范围内开办世界遗产保护与管理现场培训班,并深入各基层单位和乡村社区,宣传和贯彻世界遗产及其保护政策,普及武陵源世界遗产的价值。不同形式的培训和宣传取得了良好效果,增强了各利益相关者对世界遗产价值及其保护和管理要求的认识。通过能力提升建设,激发了各利益相关者的遗产地主人翁精神,把原本只属于政府的遗产保护职能转化为每个利益相关者群体和每个武陵源人都关心的议题。遗产地各级政府和领导给予了极大的支持,并以十分积极的态度做出了实质性努力,取得了显著成效。

2017年9月4日至6日,项目组联合亚太地区世界遗产培训与研究中心(上海)和武陵源区政府,开办了为期三天的"武陵源世界自然遗产能力建设培训暨武陵源区委学习中心组第五次集中(扩大)学习"班和工作营。湖南省委省政府、张家界市委市政府、武陵源区政府给予了高度重视和大力支持。武陵源全区各级领导及乡镇干部、社区居民代表共209人参加了培训。这是我国迄今为止在世界遗产地举办的规模最大、为期最长的现场专题培训会。

培训内容围绕武陵源WH+ST试点"世界遗产突出普遍价值与可持续旅游"和"世界遗产地旅游与社区可持续发展及保护"两个专题内容展开。项目组组长、同济大学教授韩锋的报告详细讲解了世界遗产的基本概念、发展历程、价值标准、保护范式及当今世界自然遗产保护的国际前沿理念和方法;介绍了联合国教科文组织"世界遗产与可持续旅游"项目的背景、重点、目标及工作方法。项目组专家、贵州师范大学教授肖时珍就"武陵源世界自然遗产突出普遍价值及其载体"作了详细的解读和阐述,为遗产地厘清了武陵源世界遗产的价值重点、保护对象及管理目标,传递了世界遗产委员会对武陵源提出的保护要求,以及中国政府在世界遗产管理和规划中应履行的职责。项目组顾问肖潜辉教授以武陵源世界遗产突出普遍价值保护、解说、传播和体验为核心,讲授了武陵源世界遗产可持续旅游的方法与策略,强调了基于遗产价值深度理解的武陵源旅游管理运营、市场定位、旅游产品升级和提升。贵州师范大学但文红教授的报告以"武陵源世界遗产可持续旅游与社区发展"为题,通过国内外社区参与可持续旅游的丰富案例介绍,强调了调动遗产地社区居民积极性、保障遗产地社区发展权益的重要性,以及遗产地社区参与遗产保护、发展社区经济的可持续路径。

培训会强调,武陵源世界遗产保护与可持续发展不是一个部门的职责,而是武陵源区所有利益相关者都应当分担的责任。培训会之后的工作营中,由武陵源区政府直属管理部门、旅游经营管理及从业人员、乡镇干部及各村代表组成的研讨小组充分发挥了各利益相关者的主体能动性，从各主体的认知角度出发，总结了武陵源在保护与可持续旅游中存在的问题，并提出了解决问题的方法与途径。工作营共收集总结了33条重要意见和建议，覆盖遗产价值认识、保护与管理、旅游与社区协同发展三个方面。

培训会和工作营的影响十分显著，成功地普及了世界遗产知识，调动了各利益相关者的积极性，扭转了"世界遗产保护只是分管领导和分管部门的责任"的传统认识，使世界遗产变成所有利益相关者摸得着、看得见的真实的遗产。这唤醒了各利益相关者的遗产地主人翁意识，使他们认识到自身是价值分享和责任分担利益共同体。与会者纷纷表示，这是他们第一次有机会积极表达自己的意见和建议，并且更好地理解了世界遗产与社会发展的关系，表示愿意共同参与遗产地的保护与管理。培训会后，各乡镇街道领导积极提交了对所管理辖区发展的想法和建议，其中，协同遗产地自然环境、产业、文化及社区大力发展旅游和修编《05总规》的诉求表达最为集中。

二、构建多层次世界遗产价值体系

培训会与工作营的成功给项目组创造了极好的后续工作条件和机会。尤其是国际世界遗产保护前沿的"遗产保护与社区发展携手同行"等理念深入人心，扭转了区领导及其他利益相关者的保护观念。区政府领导、各乡镇领导和社区居民纷纷主动邀请、带领工作组深入社区，向工作组展示了武陵源遗产地的土家织锦、鱼泉贡米、社区传统民俗文化、农业景观以及自然资源管理智慧等。

项目组经过走访座谈及实地考察，对武陵源历史文化、民俗文化、乡村文化景观、土地生态智慧进行了系统调查、梳理和总结，重新识别与评估武陵源自然遗产地的文化价值。文化资源调查结果由原来规划管理的两类15处人文资源扩展到三大类11种类，另有69项非物质文化遗产及一批非物质文化传承人，以及位于风景区内乡村之中的乡村类文化景观资源。项目组极大地丰富了遗产地各利益相关者对武陵源遗产地自然和文化价值的关联性认知，建立了武陵源世界自然遗产地遗产资源保护与社区文化的关联性；从价值根本上为遗产地社区确立了文化自信，激发了社区参与保护与管理的意识，奠定了遗产地保护与社区协同发展的基石；同时，为遗产旅游的价值解说和体验增加了丰富的文化和社会内涵。

项目组对武陵源自然遗产地存在的丰富的民族文化、历史文化及乡村文化景观的研究和梳理，是对中国历史和国情下的自然遗产地及风景名胜区特征的进一步考察和提炼，是对当前国际世界遗产保护前沿"自然与文化融合发展"理念的中国贡献和实践支持；同时，也是推进国际遗产组织关于自然遗产地的乡村聚落保护以及实施国际文件《乡村景观遗产保护准则》的良机。中国自然遗产地价值体系的研究，对于建立中国自然保护地的文化自信、走出道路自信，实现"五位一体"全面发展具有重要意义。

三、科学规划"多规合一"

武陵源世界遗产和世界地质公园是以武陵源风景名胜区为依托申报的世界遗产，国务院批复的《05总规》是当时武陵源遗产地当前保护与管理的纲领性文件，其有效期至2020年。按照国家主管部门要求，编制新一轮总规划前应对《05总规》进行实施评估。以项目成员组为核心的同济大学工作团队基于扎实的WH+ST项目现场工作基础，中标主持《05总规》的实施评估及新一轮总体规划工作，进一步全面评估遗产地保护管理状况，整合遗产地价值体系，探寻"多规合一"和"五位一体"的武陵源遗产保护和发展之路，使世界遗产保护和发展与中国保护地体系实现实质性的对接。以此为契机，引领武陵源遗产地的保护和管理水平走向国际前列。

对于《05总规》的评估，分别从武陵源遗产保护和发展的指导思想、规划目标、范围性质、资源调查与评价、资源分级分区保护与培育、功能分区与空间结构、风景游赏与容量、旅游服务设施、基础工程、居民社会调控、经济发展引导等16个专项进行。在评估基础上，对武陵源风景名胜区世界遗产地实现资源保护、游憩利用和社会发展三大任务的综合状况进行评估：①风景名胜自然资源和文化资源价值、世界遗产突出普遍价值，以及价值承载对象的真实性和完整性保护状况；②可持续遗产旅游对遗产价值的认识和保护、解说、展示和体验；③可持续资源保护与可持续旅游对社区经济发展的贡献、社会文化自信，以及遗产保护与社区的协同发展状况。

WH+ST试点项目和评估工作的有效推进，极大地增强了政府及各利益相关者的密切互动和磋商，使遗产地的认识和管理水平有了很大提高。磁悬浮工程项目的停摆和杨家界高速公路的改道是WH+ST试点项目及《05总规》评估工作的标志性成果，极大地降低了它们对世界遗产地的影响。这是多方协同合作下，WH+ST试点项目在武陵源世界遗产地取得的重大保护成果，高度体现了中国政府履行缔约国职责的决心以及湖南省、张家界市、武陵源区各级政府和人民的大局观，为全球世界遗产地的多方协作的保护管理提供了一个成功的试点项目示范行动案例。

评估工作与WH+ST项目协同一致，紧密结合中国国情和保护地管理政策，将遗产保护与可持续利用落实到"五位一体"的战略之中。履行《世界遗产公约》，落实《实施世界遗产公约操作指南》（Operational Guidelines for the Implementation of the World Heritage Convention），贯彻WH+ST"召集世界遗产、旅游发展的利益相关者，通过合理的旅游管理，共同保护文化和自然遗产及突出普遍价值，实现最终的可持续发展"的精神。

武陵源国家公园试点的机构调整也是宏观的"多规合一"。建立以国家公园为主体的自然保护地体系是贯彻习近平生态文明思想的重大举措，是党的十九大提出的重大改革任务。自然保护地是生态建设的核心载体、中华民族的宝贵财富和美丽中国的重要象征，在维护国家生态安全中居于首要地位。湖南省、张家界市和武陵源区各级政府积极贯彻党中央国务院的决策部署，依据《关于建立以国家公园为主体的自然保护地体系的指导意见》，积极开展保护地体制建设的试点工作，围绕统筹推进"五位一体"总体布局和协调推进"四个全面"战略布局。新的保护发展观正在形成，以往的条块管理、多头管理及部门壁垒的现象正在得到改善。武陵源管理体制改革试点方案仍未最终确定，改革工作仍在进行中。WH+ST试点项目及体制改革的步伐与方向清晰可见，高度体现了武陵源落实中央政策精神和贯彻中央文件五项基本原则的执行力。对于国际国内社会高度关注、保护与发展矛盾冲突激烈的武陵源，保护地体制改革是一个机遇也是挑战，对于加强武陵源遗产保护、传播武陵源遗产价值、提升武陵源遗产旅游品质、理顺遗产地管理体制、带动遗产地社区协同发展具有重要的推动作用和示范效应。

四、促使度假村转型为遗产保护研究与交流协同中心

项目组向遗产地社区居民宣贯武陵源世界遗产价值，推进了旅游、社区利益与遗产保护的可持续途径及示范作用。其中最为突出的是，在WH+ST项目的影响下，龙尾巴村梓木岗的"梓山漫居"从一个拟建的度假村，成功转型为"武陵源世界遗产保护研究与交流协同中心"（简称"协同中心"）（图6.5）的示范案例。

图6.5　武陵源世界遗产保护研究与交流协同中心①

武陵源地方政府及投资建设单位对武陵源本土的乡土文化有着基本意识和关注，对结合武陵源优越的自然生态环境和土家族乡村民俗文化发展旅游、带动贫困社区居民就业和给老百姓增收，以及改善该区域的乡村环境等都有综合考虑。然而，由于地方政府对世界遗产价值体系的完整性、自然遗产地社区的文化重要性，以及社区与旅游协同发展的必要性和可行性方法等的认知存在较大局限，"梓山漫居"原规划设计理念仍未突破"度假村"的模式。WH+ST试点项目及时给予了地方政府和该项目极大帮助，项目组带来了国际遗产保护和可持续旅游与社区协同发展的先进理念和方法，搭建了一个更好的平台，"梓山漫居"被提升到世界遗产与可持续旅游的创新平台上推进，有了发挥更大价值和作出更大贡献的机会；通过深入沟通和交流，项目组帮助地方

---

① 图6.5来源：韩锋，等，2020.世界遗产武陵源风景名胜区[M].上海：同济大学出版社.

政府及各利益相关者更全面地认识武陵源自然遗产价值,并认识到创造、实践新模式协同遗产保护、可持续旅游及社区发展的可行性,最终促成了"梓山漫居"从度假村向"协同中心"的成功转型。在这个过程中,项目示范行动开展了五个方面的具体工作。

第一,充分利用闲置土地展示武陵源地区地域性、民族性和乡土性的农耕文化,使传统社区产业与旅游发展协同。将从30~40户村民手中以租赁方式流转的一百多亩土地,规划为农耕文化展示与体验基地(图6.6)。协同中心返聘村民回来耕种,统一采用生态方式种植农产品,集中排污。同时,组织游客参观、体验农耕文化以及购买农产品。此举既恢复了闲置土地及植被,传承延续了地域传统农耕文化,使原住民以力所能及的方式参与到遗产地的保护和发展中,成为遗产地受益主体,同时又提升了游客体验。

第二,培训当地居民并聘请他们从事协同中心的服务工作,提高社区参与遗产地保护和旅游发展的知识技能。此举既向当地居民普及了遗产保护的知识,又提高了居民就业率,增加了居民收入,使遗产保护和旅游得到了当地居民的大力支持。

第三,通过协同中心宣传、展示当地的民俗文化,提高遗产地自然和文化附加值,促进社区经济产业发展与旅游发展协同。收集地方民俗物品,在协同中心构建小型博物馆,搭建纺织手工作坊,对武陵源非物质文化遗产的典型代表——土家织锦工艺进行现场演示,举行土家文化表演(图6.6),开办生态文明知识讲座等,让更多游客了解当地文化。在协同中心布置传统手工艺品、农产品展示和销售馆,推介武陵源地方特色农产品,使之转型成为旅游新产品。此外,协同中心的场地规划、建筑设计、室内装饰、饮食服务等也处处体现出其作为武陵源世界遗产自然资源和民俗文化展示窗口的功能。

图6.6　协同中心展示项目①
(左—右:武陵源传统农耕文化;织锦工艺;土家文化表演)

第四,通过协同中心阐释、传播世界遗产价值,提供遗产保护信息服务,带动地方生态旅游,遗产价值解说、传播与旅游发展协同。将协同中心作为世界遗产培训、讲解基地,进行武陵源世界遗产突出普遍价值在地培训,宣贯遗产地旅游的核心价值及价

---

① 图6.6来源:韩锋,等,2020.世界遗产武陵源风景名胜区[M].上海:同济大学出版社.

值载体；当地居民通过协同中心平台，学习了解地方生态旅游应该诠释的核心价值和对象，以及价值解说的方法和途径。用讲解、陪同、土家家宴等方式带动生态旅游，增加居民收入，使可持续旅游发展理念真正体现"绿水青山就是金山银山"。

第五，将协同中心作为遗产地保护研究基地。使协同中心成为由 UNESCO 世界遗产中心、武陵源区政府和武陵源世界自然遗产保护办公室共同成立的世界遗产保护研究与交流学术性机构平台的载体，由武陵源区人民政府统一管理，区政府自然遗产保护办公室在协同中心设立专属岗位，对协同中心进行日常管理与维护。邀请世界遗产保护方面的专家作为中心的领导人，为武陵源自然遗产保护提供持续稳固的技术保障。协同中心可以为国内外科研机构和人员到武陵源开展短期和长期科学研究提供场地支持，促进遗产保护各领域的科学研究及多方合作交流，积累和分享研究成果，并指导世界遗产价值展示、解说与传播。协同中心为前来进行科研的工作人员提供了便利且必要的住宿等后勤生活保障，从而化解了原来设置的过夜接待设施与《05 总规》的冲突，具有突出的示范意义。

五、国际沟通与交流

武陵源 WH+ST 试点项目开展期间，项目组积极主动地与联合国教科文组织世界遗产中心等国际组织保持沟通与交流。一方面，主动"走出去"，在世界遗产大会、东南亚世界遗产保护与管理国际大会等国际和地区会议上，积极宣讲 WH+ST 中国试点武陵源和海龙囤项目以及取得的实施成果；另一方面，积极"请进来"，项目组牵线搭桥，邀请世界遗产官员、专家考察武陵源，提供与遗产地社区居民、地方政府管理人员面对面沟通的机会，了解遗产地真实状况，减小了彼此的误解，充分展示了中国作为遗产大国积极解决问题并勇于承担责任的强国形象。

2018 年 6 月 26 日，在巴林召开世界遗产委员会第 42 届大会，项目组与联合国教科文组织世界遗产中心共同设立"世界遗产与可持续旅游"边会，韩锋教授详细报告了 WH+ST 中国试点项目武陵源自然遗产和土司遗址文化遗产的工作方法、进展情况和实施成效。使国际社会看到项目组遗产专家们严谨扎实的现场工作和专业知识，以及中国各级政府、各利益相关者协同共荣所作出的巨大努力，得到了教科文组织世界遗产中心和国际与会者的高度评价。

联合国教科文组织世界遗产与可持续旅游项目负责人 Peter Debrine 先生、亚太地区项目官员 Roland Lin 先生，以及法国东方文化遗址保护联盟主席 Etienne Mathieu 先生，先后应项目组邀请考察了武陵源世界遗产，详细了解了遗产地保护和管理、土家族民俗文化及其文化景观、社区与可持续旅游发展状况，并深入武陵源区军地坪、协合乡龙尾巴村，与社区居民、村民及旅游经营者进行交流座谈，共同探讨遗产地与社区协同发展、遗产地文化可持续传承保护以及遗产地人与自然和谐发展等问题，向遗产地社区居民和管理者宣贯联合国教科文组织世界遗产保护和可持续发展的理念和政策。这是中国第一次邀请国际专家来跟村民面对面交流，具有示范意义。

积极的国际沟通工作,为武陵源的旅游可持续发展提供了很好的国际交流机会,为中国遗产地重新赢得了尊重,也为中国政府减轻了来自国际的压力。2019年,在阿塞拜疆巴库召开的世界遗产委员会第43届大会上,关于武陵源世界遗产的决议经磋商,无须进入严苛的大会公开审议程序。通过示范行动,武陵源成为连接全球世界遗产保护和可持续旅游发展的一个窗口。

7

新时代的重要议题

以 1972 年《世界遗产公约》诞生之日为起点,现代意义上的世界遗产保护事业已走过 52 年历程。自 1992 年加入世界遗产行列以来,文化景观不仅是 30 多年来发展最快的一种遗产类别,而且已经超越了单纯的遗产类别,成为一种整体的、动态的遗产保护视野和方法论,深刻影响了全球各地区对遗产地价值的认知与实践。全球遗产地正面临自然灾害、人为威胁以及发展压力带来的日益严峻的挑战,在这样的背景下,认识和思考新时代景观遗产保护与可持续发展的重要议题,有助于我们走向可持续和韧性发展的未来。

第一节 可持续发展与景观遗产

"可持续发展"是 21 世纪的战略目标,被定义为满足当代人的需求,同时又不妨碍后代人满足其需求能力的发展。该战略致力于在保护与发展之间达成长期一致的和谐。《实施世界遗产公约操作指南》(以下简称《操作指南》)指出:文化和自然遗产不仅是每个国家的无价之宝,也是全人类不可替代的财富;《世界遗产公约》旨在确定、保护、保存、展示和向后代传承具有突出普遍价值的文化和自然遗产。可以说,保护世界遗产就是走可持续发展之路。自 1972 年通过《世界遗产公约》以来,国际社会接受了"可持续发展"的概念。保护、保存自然和文化遗产有利于自然保护、环境保护、生态平衡及地方文化的建设与发展,是对可持续发展的重要贡献。"可持续"这一说法在遗产领域广泛使用,遗产地往往被视为推动可持续发展和经济增长的动力。包括《威尼斯宪章》(1964)、《世界遗产公约》(1972)、《佛罗伦萨宪章》(1981)、《华盛顿宪章》(1987)、《奈良真实性文件》(1994)、《保护非物质文化遗产公约》(2003)、《关于保护文物建筑、遗址和遗产区域的背景环境的西安宣言》(2005)、《关于城市历史景观的建议书》(2011)、《关于作为人类价值的遗产与景观的佛罗伦萨宣言》(2014)、《关于生物和文化多样性关联的佛罗伦萨宣言》(2014),以及联合国教科文组织将可持续发展观纳入世界遗产公约议程的政策(2015)等全球层面的国际文件,都与景观的遗产和文化价值相关。

世界遗产文化景观通过把农业景观、土地的持续生产力、传统的生产技能与原住民的传统智慧、自然的生态管理相关联,使可持续发展、自然保护和文化保护、人和地的依存关系和谐地统一起来。世界遗产价值与生活在其上的遗产创造者们不再分离,承认他们是遗产价值的创造者、解说者和传承者,同时也是遗产地的管理者和守护者。《操作指南》指出,自 1992 年以来乡村景观就被认定为"有机演进的文化景观"。诸多区域和国家层面的国际文件都关注乡村景观对于遗产地可持续发展的重要性,如《欧洲景观公约》(2000)、《欧洲乡村遗产观察指南》(2003)、《欧洲委员会关于文化遗产的社会价值的法罗公约》(2005)、《关于神圣自然遗产地和文化景观生物和文化多样性保护中的作用的东京宣言》(2005)、《关于加勒比文化景观的古巴圣地亚哥宣言》(2005)、《拉丁美洲景观行动》(2012)、《巴拉宪章》(1999、2013)、《国际风景园林师联合会亚太地区景观宪章》(2015)等。在这些文件基础上,国际古迹遗址理事会国际景观设计师联盟文化景观科学委员会(ICOMOS-IFLA International Scientific Committee on Cultural Landscapes, ISCCL)在 2017 年通过的《乡村景观遗产准则》指出,乡村景观是人类遗产的重要组成部分,一切乡村地区皆是景观,乡村景观是变化着的活态体系,许多乡村体系已在长时间中被证明具备可持续性和发展弹性。乡村景观遗产对生物文化多样性的延续意义重大,是未来人类社会和世界环境发展的关键资源。

"城市历史景观"(HUL)方法超越了传统的"历史中心"概念,以文化景观整体、动态的视野,将更广泛的城市背景及其地理环境纳入城市文化和自然价值及属性的历史层积中考量。这一更广泛的背景包括遗址的地形、地貌、水文和自然特征,其建成环境(不论是历史上的还是当代的),其地上地下的基础设施,其空地和花园、其土地使用模式和空间安排,感觉和视觉联系,以及城市结构的所有其他要素。此外,它还包括社会和文化方面的做法和价值观、经济进程,以及与多样性和特性有关的遗产的无形方面。HUL 在一个可持续发展的大框架中,以全面综合的方式为识别、评估、保护和管理城市景观遗产打下了基础;它的视角和方法,认识到人类环境动态变化的性质,在维持人类环境质量的同时致力于提高城市空间的生产效用和可持续利用,以及促进社会和功能方面的多样性;它将城市遗产保护目标与社会和经济发展目标相结合,其核心在于城市环境与自然环境之间、今世后代的需要与历史遗产之间可持续的平衡关系。

可持续发展议题的实质包含了城乡人居环境中自然和文化遗产保护以及历史环境保护与利用等重要课题。

第二节 连接自然与文化

一、IUCN 的文化转向

世界自然遗产咨询机构 IUCN,作为第一个全球环境联盟,为保护自然,将政府和民间社会组织召集在一起,鼓励国际合作,并提供科学知识和工具指导保护行动;如今已建立世界上最大和最多样化的环境保护网络,持续推动基于自然的解决方案,作为实施《巴黎协定》(*The Paris Agreement*)和 2030 年可持续发展目标(*2030 Sustainable Development Goals*)等国际协议的关键手段。然而,IUCN 自成立以来的大部分时间,一直拒绝平等看待自然的文化性,其在早期倡导的"荒野"(wilderness)和"堡垒"(fortress conservation)概念及自然保护模式,均导致原住民和其他公民被驱逐出遗产地或保护地内的社区家园。直到 1994 年 IUCN 提出六类保护地分类体系,又成立"保护地非物质价值"(Non-Material Values of Protected Areas)工作组①。南非德班世界公园大会将自然中的原住民价值和生态智慧推向高潮,第Ⅴ类保护地在全球范围内受到高度关注,成为 IUCN 最前沿的实践示范阵地。这是巨大的进步,体现出 IUCN 不仅认识到保护自然的重要性,而且认识到与自然之间的可持续关系是人类社会面临的最艰巨的挑战,保护地不能指望纸上谈兵的强制性法律,而应该基于地区、社区的自然资源利用和管理传统智慧。良好的景观需要自然的力量,也需要人类文化的智慧。2008 年,IUCN 对 1994 年的六类保护地分类体系进行修订,强调第Ⅴ类、第Ⅵ类保护地中人类创造力的作用。2001 年,IUCN 专门为评估文化景观遗产的自然价值设置了评估标准。2012 年,为了更好地将自然与文化融入世界遗产体系,IUCN 提出一份关于 IUCN 和 ICOMOS 协同合作的提案。2021 年,IUCN 发布《自然的文化和精神意义:保护地/保留地治理和管理指南》(Cultural and Spiritual Significance of Nature: Guidance for Protected and Conserved Area Governance and Management),承认全球世界观、治理体系、宗教和语言的多样性塑造了对自然的不同理解,试图克服在不同文化背景下处理自然及其保护问题时因目标冲突而造成的一些困难,做出了很大努力以超越主流的、传统的保护实践和政策。

二、ICOMOS 的自然转向

世界文化遗产咨询机构 ICOMOS,作为全球世界文化遗产保护组织,致力于将理论、方法和科学技术应用于文化遗产保护。该组织在成立之初通过的《威尼斯宪章》聚焦于历史建筑的保护和修复,并未提及"自然"或"自然遗产",仍延续文化遗产与自然遗产分离的西方传统保护观念,并未有效参与自然遗产保护。经过 59 年的发展,ICOMOS 的保护关注点已包含多种类别文化遗产,并承认自然与文化存在某种交叠关系。例如,澳大利亚 ICOMOS 的《巴拉宪章》适用于所有具有文化价值的自然、原住民和历史场所,提出的"场所"概念具有广义的范畴,包括自然和文化的特性,认为在某些文化中,自然和文化价值不可分割。《中国文物古迹保护准则》也指出:遗产地包括其自然环境,某些如文化景观类别的遗产可以具有重要的自然价值,遗产的保存状况与其自然和文化特性有关。

三、连接自然与文化的相关行动

联合国环境规划署的《生物多样性公约》,以及 UNESCO 的《世界文化多样性宣言》《保护非物质文化遗产公约》《保护和促进文化表达多样性公约》等,促使 IUCN 和 ICOMOS 共同认识到生物多样性和文化多样性之间不可分割的联系,于 2010 年启动了生物与文化多样性 10 年联合项目(Joint Programme on the Links between Biological and

---

① 2003 年,该工作组改名为"保护地文化和精神价值"(Cultural and Spiritual Values of Protected Areas,CSVPA)工作组。

Cultural Diversity，JP—BiCuD)，并于2014年发表《关于生物和文化多样性关联的佛罗伦萨宣言》，重点阐述生物文化多样性(biocultural diversity)概念以及生物多样性与文化多样性之间的关联性和整体性。"生物文化多样性"即生物、文化、语言和精神等相互依存的生命多样性，已被视为全球环境保护、可持续发展及地方、区域和全球决策需考虑的基本内容。这个国际前沿理念认识到生物多样性和文化多样性不仅相互关联，而且相互加强、相互依存和共同进化；原住民体现了生物文化多样性；建立和管理原住民保护地、部落公园等保护区域，在全球生物多样性保护，包括在国家及国际保护地体系中发挥关键作用；强调有关生物多样性、气候变化、可持续发展和世界遗产等国际承诺，只有在原住民充分有效参与、承认他们对祖传土地和水域的权利和责任，并尊重他们可持续自然资源利用的习俗及相关知识以及创新和实践的情况下才能实现。

自2013年以来，IUCN与ICOMOS开始探索更紧密的合作方式，制定新方法和策略，在世界遗产体系中进一步融合自然遗产和文化遗产。2013年10月启动"连接实践项目(Connecting Practice Project)"，迄今为止，该项目经历了三个阶段：2013—2015年期间，边做边学，制定更深入关联自然和文化价值的策略"，同时批判性评论IUCN和ICOMOS的实践和制度文化；2016—2017年总结第一阶段经验教训，加强世界遗产地治理和管理实践性措施；2019年至今，重视生物文化实践农业景观及世界遗产应对遗产地变化的管理。同期运行的项目是"自然-文化/文化-自然之旅"(Nature-Culture/Culture-Nature Journey，简称"自然文化之旅")。在2016年夏威夷IUCN世界保护大会上，UNESCO、IUCN和ICOMOS举行了长达4天的世界遗产和自然文化之旅报告会和工作营，2017年再于印度新德里召开ICOMOS大会和科学研讨会，颁布新德里《Yatra自然文化之旅声明》。2017年大会形成的最重要的文件即《关于乡村景观遗产的准则》。IUCN和ICOMOS的一系列自然与文化的对话，从全球层面到国家和地方各级不断细化、具体化。

"景观"视野和景观遗产，以对自然与文化之间联系的认知和采用整体方法全面地看待遗产保护与管理，已对遗产管理系统的完善起到了促进作用，同时也突显了遗产为人类和社区提供社会、文化、环境和经济价值的潜力。

第三节 国家公园、保护地与景观

一、"国家公园"与"保护地"的区别

国家公园(national park)与保护地(protected area)两者都是舶来的概念。"国家公园"是现代意义的"保护地"的源头，但经过70余年发展，保护地已成为当今国际自然保护语境中最重要的、覆盖最全保护对象的体系，国家公园则只是该体系的下属类

别之一，与保护地是部分与整体的结构层级关系。IUCN 的保护地体系基于世界各国国家公园建设的经验与教训而形成，其对国家公园的概念界定已是国际共识，可以作为确定国家公园内涵的重要依据。自 20 世纪 80 年代，国际上就不再有并置"国家公园与保护地"的说法，而代之以世界各国公认的国际自然保护体系标准名称——"保护地"。IUCN 在 1994 年颁布了基于不同管理目标的保护地分类体系（表 7.1）。2002—2004 年，IUCN 展开保护地类别研究，重申保护地的定义，并确认 1994 年的保护地管理类别及其以管理目标为基础的分类方法仍然是保护地体系的重要基础，该分类体系体现了人类对自然环境不同程度的干预。

表 7.1 1994 年 IUCN 保护地分类（按管理目标分）

编号	类别名称	类别定义
Ia	严格保护地（strict nature reserve）	对生物多样性以及可能的地质/地貌特征进行严格保护，控制和限制人类的访问、使用和影响，以确保保护价值
Ib	荒野地（wilderness area）	通常是大片未经改造或稍作改造的地区，保留其自然特征和影响，没有永久或重要的人类居住地，受到保护和管理，以保持其自然状态
II	国家公园（national park）	大面积的自然或近乎自然的区域，保护着具有特色物种和生态系统的大规模生态过程，同时也具有与环境和文化相适应的精神、科学、教育、娱乐和参观机会
III	自然遗迹或特征（natural monument or feature）	为保护特定自然遗迹而划出的区域，这些遗迹可以是地貌、海山、海洋洞穴、洞穴等地质特征，也可以是古树林等生物特征
IV	物种栖息地保护地（habitat/species management area）	保护特定物种或栖息地的区域，其管理应反映这一优先事项。许多地区需要定期进行积极干预，以满足特定物种或栖息地的需求，但这并不是该类别的要求
V	陆地/海洋景观保护地（protected landscape or seascape）	长期以来人与自然的相互作用形成了独有的特征，具有重要的生态、生物、文化和景观价值；保护这种相互作用的完整性对于保护和维持该地区及其相关的自然保护和其他价值至关重要。
VI	资源管理保护地（protected areas with sustainable use of natural resources）	保护生态系统以及相关文化价值和传统自然资源管理系统的地区。一般面积较大，主要处于自然状态，其中一部分处于可持续自然资源管理之下，与自然保护相适应的低水平非工业自然资源利用被视为主要目标之一

"国家公园"在 IUCN 分类体系形成之前早已存在，特别适用于 IUCN 分类体系中的第 II 类较大面积的自然保护地。但在许多国家，"国家公园"并不完全符合 IUCN 类

别Ⅱ的标准。实际上,一些国家的国家公园依据IUCN体系的其他保护地类别,有的甚至根本就不属于自然保护地。因此,国家公园在不同国家,甚至在同一国家内都有不同含义,涉及的保护地自然特征、保护对象和管理目标差异极大。例如,英国的国家公园包含人类聚居和广泛的资源利用区域,更适合归入IUCN第Ⅴ类。在南非,约84%的国家公园内有大量常住人口,其中的一些国家公园可能更适合归为其他类别。IUCN《指南》还强调,政府已经或准备将某个区域划为"国家公园"并不意味着必须根据第Ⅱ类保护地的指导方针对其进行管理,而是应该确定和使用最合适的管理体系,类别名称由政府和其他利益相关者决定。

IUCN强调所有保护地类别同等重要,不存在等级差异,鼓励各国根据本国的自然和文化遗产保护目标建设保护地体系。今天,我们以"国家公园与自然保护地"命名中国国家自然保护体系,与国际自然保护体系的保护视野不断向社会、经济、科学和文化价值拓展的发展趋势不一致,使人对国际自然保护发展历程和IUCN保护地体系结构产生误读,也不利于中国与国际自然保护网络及交流合作平台的对接。

二、国外保护地的景观观念

作为全球设立最早且最知名的保护地系统之一,美国国家公园体系伴随社会价值观的演变而发展。早期,为大家所熟知的是风景壮美的西部荒野景观。随着人们对景观价值的逐步认知,美国国家公园体系的自然和文化保护中所呈现的景观多样性急剧增加,保护类型随社会需求和价值变迁发生变化,最终发展为由四百多个复杂而多样的国家公园单元组成的国家公园体系。美国国家公园具有的杰出风景、历史、艺术、生态、游憩、文化景观以及荒野等价值,与美国150年间不断变化的社会环境相适应。景观概念框架拓宽了美国人对本国国家公园体系价值及其属性要素的诠释和认知,美国国家公园体系发展得益于对文化与自然之间的关联性理解及其有效保护。文化景观作为美国国家保护地体系的一部分,扩展了国家公园系统价值多样性,反映了美国丰富的历史文化遗产以及在价值认知上的不断创新。全面的景观价值认知是美国有效保护自然的基础。

英国的生物多样性保护与景观保护并重,重视文化景观保护是其保护地体系的突出特点之一。英国在乡村景观保护方面的努力,是其保护本国文化景观的一项重要举措,保护并发展传统的农业土地利用方式,则是其实现文化景观保护最重要的途径。英国保护地体系探索成为人与自然和谐相处、实现资源可持续利用的欧洲典范。在过去几年中,英国仍提出应认知生态网络的重要性。

澳大利亚自然(景观)保护和发展始终受到自然与文化关系认知进程的影响。传统上,澳大利亚将土著文化及其自然家园视为遗产,而殖民以后,自然在保护领域一直享有比文化更高的价值和地位,建立的国家公园和其他保护地大多是澳大利亚现代城市化过程中拯救"荒野"的结果,也是"政治景观"的一部分,在过去200多年中大批原住民被驱逐出保护地,自然与文化之间一直存在冲突和较量。当澳大利亚土著人森林燃火的传统土地管理方式及其所形成的景观逐渐被接受后,美国荒野保护理念下的大面积自然保护模式就显现出问题。1992年世界遗产价值标准的修订和文化景观类别的引进,促使澳大利亚景观保护发生重大转向,将景观价值重点放在自然的文化价值上。澳大利亚努力安置回原住民,在土著原住民管理自然、管理土地的传统方式方面得到了国际认可。1999年修订《巴拉宪章》,确认保护景观的关联性文化意义,并已作为景观遗产价值中重要的非物质部分。澳大利亚正努力发现和发掘景观的本土自然与文化价值,制定文化景观保护策略,摆脱殖民影响,已有许多类型的保护地认识到传统文化价值和人为干预在景观管理中的重要性。

三、中国特色的国家公园

建设中国特色的国家公园体系,探索适合于中国的资源保护和利用方式,是中国特色社会主义的一个重要有机组成部分。

北京大学已故人文地理学家谢凝高先生曾指出,中国古代的名山体系就是中国农耕时代的国家公园。中国古代很早就开始崇拜和利用自然,可以视为中国国家公园的"初心"。先秦时期,将抽象的"五行"观念具象为"五岳"的思想,视自然壮丽的山岳为国家支柱,体现在"天人合一"思想指导下,保障社稷安全和百姓福祉的具体安排,"五岳"的功能就是当时独树一帜的中国国家公园的核心功能。魏晋南北朝以降,中国出现山水诗、山水画、山水游记和山水园林,人与自然的审美和感情开始融合,从崇拜山水转向欣赏山水。天下名山大川体系、独特的山水文化、人与山水内在的品质相通,共同构建了中国国家公园的核心价值。世界遗产报告系列26《世界遗产文化景观:保护与管理手册(2010)》(*World Heritage Cultural Landscapes: A Handbook for Conservation and Management*)指出,衡量"景观文明"有四项标准:有特指景观的专有名词;文学与诗歌对景观的歌咏;绘画对景观的表现;造园的艺术。符合这四项的有两大文明,这两大文明相隔万里,相距千年——最早在公元3—4世纪信奉"道"的中国,以及后来的西欧(始于15世纪)。中国古代的"八景"文化,借用自然风光代表地方精神形象,上至州府,下到乡村,构成了中国人选择自然风景和文化资源,形成自我认知的典型模式,为中国的自然保护和利用奠定了独特的路径,并远传日本、朝鲜及东亚诸国。民国时期,蒋介石政府颁布了第一批8个国家公园,如黄山、庐山等,庐山的开发建设参考了当时最先进的国家公园和芝加哥城市规划理念。

1979年1月,邓小平同志访美,签订了中美建交后的第一个"中美科技合作协定和文化协定",其中包含了中国风景名胜区与美国国家公园交流的内容。1982年,国务院设立风景名胜区制度,以美国国家公园为参照,制度命名时有三个比选方案,即国家公园、自然风景区、风景名胜区。考虑到中国风景区中自然与人文资源高度结合的国情特点,专家们最后选择了"风景名胜区",并将其中的国家级风景名胜区等同于美国的

"国家公园",国务院批准的"中国国家风景名胜区"徽章标志的英文即 National Park of China(图 7.1)。谢凝高先生认为,国家级风景名胜区就是中国工业文明时代的国家公园。1998 年,原建设部风景名胜区管理办公室与美国内政部国家公园管理局签署关于在保护和管理国家公园及其他文化与自然遗产方面开展合作的谅解备忘录,并先后 5 次签署两年行动计划,开展务实合作。27 个国家级风景名胜区与国外的国家公园建立了友好公园关系。2019 年 6 月中共中央办公厅国务院办公厅印发《关于建立以国家公园为主体的自然保护地体系的指导意见》,加快建立以国家公园为主体的自然保护地体系,提供高质量生态产品,推进美丽中国建设。

图 7.1　中国国家风景名胜区标志①

如果说,古代的名山体系是中国农耕文明时代的国家公园,国家级风景名胜区是中国工业文明时代的国家公园,迎接生态文明时代的中国国家公园就应是上述二者在千年尺度上的延续。中华文化的核心是人与自然的"天人合一",而不是单纯的生态保护。中国的国家公园有更高的精神追求,要保护生境,更要享受诗境和画境,不忘追求中华民族独有的意境。国家保护地体系建设事关国家历史与未来。对于他国过往的自然保护概念及体系,在吸收其科学合理性的同时,需要进行谨慎的政治哲学和文化哲学甄别。只有在完整识别自然和文化价值基础上,各项环境政策才有可能保护自然和文化遗产,促进社会发展,才能达成和谐人地关系及可持续发展的目标愿景。

第四节　中国风景名胜区与文化景观

中国在 1985 年加入《世界遗产公约》,1987 年中国首批六处世界遗产登录。风景名胜区是中国国家遗产的重要组成部分,现今中国 59 处世界遗产中约有 2/3 来自国家级或省级风景名胜区,现有 6 个世界遗产文化景观中有 4 个风景名胜区。早在 2003 年,UNESCO 世界遗产中心在回顾 20 世纪 90 年代"文化转向"的报告中,多次提及了

---

① 图 7.1 来源:住房和城乡建设部网站。

中国风景名胜区,认为中国至少有10处(如黄山、泰山、峨眉山、青城山等风景名胜区)已列入其他类别的世界遗产,有可能被重新提名而被列入文化景观。中国风景名胜区遗产体系具有鲜明的中国特色,对国家遗产保护和国际文化景观遗产都有重大贡献

一、中国风景名胜区的特点与价值

以自然为基底的中国风景名胜区反映了中国文化与自然之间长期而深刻的双向建构关系,是中国传统人文主义自然观和中华民族"天人合一"东方哲学思想之宇宙观、价值观、审美观的完美实践典范。其价值特征具有与自然高度相关的文化性、伦理性、政治性、艺术性、活态性特点。

中国风景名胜区是杰出的自然和文化遗产保护系统。风景名胜区以优美生态环境为基础,以自然与文化高度融合为特色,保护了国家弥足珍贵的自然遗产和丰富灿烂的文化遗产。

中国风景名胜区具有丰富多样的乡村景观遗产和民族文化多样性。作为农业文明古国,中国人口众多,生态环境优美的中国风景名胜区,分布着数量众多的乡村聚落,也是各民族的聚居地。丰富优美的乡村景观,以及各民族利用自然资源的传统生态智慧,是中国风景名胜区人地共荣的宝贵遗产。

中国的风景名胜区不是无人区,它们承载了中国自然和文化历史价值,突出体现了中国国情及其社会经济发展状况,是集社会、政治、经济、生态、文化"五位一体"的复杂综合体。中国风景名胜区遗产地在承担遗产保护职责的同时,肩负着遗产可持续利用、社会发展共荣的责任,是发展中国家遗产地的典型代表,与发达国家的世界遗产保护特征存在一定的差异。

二、中国风景名胜区是典型的文化景观

世界遗产文化景观类别覆盖了广泛的人与自然相互作用形式和结果,具有全球的普适性。以之为参照,中国风景名胜区汇聚三个文化景观子类别于一体。

(1) 中国古代风景名胜区的开发建设者以高僧、学者、画家或诗人为主,甚至由皇帝亲自主持监督营造。中国传统精英群体及其文化具有很高的艺术品位,确保了对自然的再创造与自然完美结合。风景名胜区因此拥有大量精心设计和营造的景观环境,作为传统精英阶层文化生活的载体。风景名胜区包含大量有意设计的景观。

(2) 在中国2000多年农业经济社会历史背景下,风景聚落突出体现了中华各民族的自然生存智慧和世俗生活智慧。"师法自然"和"共生"等生态价值观、土地利用知识和技术传统,族群对聚落的家园认同感等物质与精神价值难解难分;对自然生态价值的肯定、自然资源利用价值的开发,通过运用知识技术等转化为设计、营建等物化的价值,与信仰、习俗和传统等非物质价值互为表里,世代传承,维系着风景聚落的持续演进。风景聚落及其依存的自然环境是典型的有机演进的文化景观。

（3）风景名胜区与中国哲学、文化、艺术和政治等高度关联，被赋予宗教、政治、人格、道德伦理等象征意义，与山水文化观念、人的生命、情感、品格相关；也是审美和艺术创作的对象，以及主观内在世界和自我建构的外部投射；并形成整体的文化心理，是突出的关联性文化景观。

中国风景名胜区的形成和发展大体经历了从人们对仙境山水的想象，到人世化、实地化的自然山水营造，再到中国人心目中的理想山水意象的历程。在中国历史和文化里，风景和名胜场所与人的生存、生活和生产，与自然、乡村和城市发展都有关系，体现了基于中国哲学的传统自然观的风景意识。宗教信仰、政治制度、伦理道德、社会变迁、人生际遇、世间百态、宇宙万象等皆为风景。自然与人文，场所与意象或象征，山水风物与社会，精神与实体，形而上与形而下等不同范畴在风景名胜区共存共融。风景名胜区以自然为基底，几千年持续不断地累积了文化和社会意义，集聚了多向度、多功能的文化层。文化根植于自然环境，文化和历史又不断拓展着风景名胜区自然的意义和价值边界。在这样的意义上，风景名胜区正是典型的，具有历史厚度和文化深潜的文化景观。

三、中国风景名胜区的贡献

中国风景名胜区是具有中国特色的保护地类型和国家遗产体系的主体。中国风景名胜区继承和发展了中国的名山体系，集中了世界遗产、国土最美风景、国人最认可的国家代表区域，基本构成了农业文明、工业文明阶段中国的国家公园体系框架，为生态文明时代的中国国家公园的探索奠定了坚实的基础。中国的风景名胜区保护了中国最美丽的国土，承载了中华文化独一无二的理念、智慧、气度、神韵，记录了大量自然和文化遗产、自然和社会的演进、文明的变迁，增添了中国人民和中华民族的文化自信和自豪。

就国际贡献而言，中国风景名胜区也是国际保护地体系及世界遗产的重要组成部分，是国际自然和文化多样性价值的重要承载区和生态文明建设的实践区。中国的特殊贡献来源于风景名胜区这种特殊的文化景观，完美地集世界遗产文化景观三个子类于一体，具有突出的人文和自然双重特质，是人与自然之间长期深刻相互作用的杰出作品，是持续演进的理想的人类聚居地或精神文化象征，其中相当一部分还是精心设计和营建的作品，与哲学、文化、政治、艺术高度关联，并且经历了历史的千锤百炼，是中国文化的象征。其一，中国东方的价值观，文化与自然深刻作用、人与自然和谐共生的遗产价值，是中国风景名胜区对国际遗产保护最重要的价值贡献，是对世界遗产文化景观及其价值的独特诠释。中国风景名胜区对中国"天人合一"传统人文主义自然价值观的不断诠释，为世界遗产文化景观的核心要义"人与自然"贡献了地方的、本土的，且在世界范围内独具特色的自然价值观。其二，中国风景名胜区价值体系具有开放性和多元价值和谐的综合性等特点，为世界遗产文化景观提供了解说文化景观价值体系丰度与深度的范例。其三,中国风景名胜区悠久的历史演进过程,使其呈现出不断发展、强化和超越的态势,为世界遗产文化景观提供了充分演绎文化景观遗产动态演进本质的典范。

　　世界遗产文化景观无论在理论上和操作中都为中国开启了大门,等待着中国的到来。中国有机会为世界遗产自然和文化之间的桥梁架构提供一种新的人文主义方法论。传播和解说中国的文化景观价值,帮助世界遗产组织了解和理解中国独特的文化景观思想,应对发展问题,建立或推进亚洲及亚太地区的文化景观保护体系,这是对世界遗产空白的填补,也是一个文化大国和发展中大国应尽的责任。作为高速发展中的大国,中国如何在快速全球化、城市化的进程中,探寻适合本土的文化景观保护体系,对于世界遗产具有重要的地区战略意义。

主要参考文献

本杰明·穆栋,2016.巴黎圣母院:建造与保护的历程及方法论[J].陈曦,张鹏,译.建筑遗产(1):88-99.

蔡永洁,2002.《遵循艺术原则的城市设计》:卡米诺·西特对城市设计的影响[J].世界建筑(3):75-76.

陈曦,2017.《威尼斯宪章》之后:当代意大利建筑遗产保护的思潮[J].建筑师(6):55-60.

陈曦,张鹏,2018.为什么我们仍然要阅读里格尔?关于构建建筑遗产价值体系的反思[J].华中建筑,36(12):1-5.

国际古迹遗址理事会中国国家委员会,2015.中国文物古迹保护准则(2015年修订)[M].北京:文物出版社.

韩锋,2010.文化景观:填补自然和文化之间的空白[J].中国园林,26(9):7-11.

韩锋,2020.文化景观保护的环境哲学溯源[J].中国园林,36(10):6-10.

韩锋,等,2020.世界遗产武陵源风景名胜区[M].上海:同济大学出版社.

凯莉·高切丝,若兰·米切尔,布兰登·布兰特,等,2018.价值演变与美国国家公园体系的发展[J].中国园林,34(11):10-14.

肯·泰勒,朱利奥·威尔迪尼,2024.文化遗产管理规划:场所及其意义[M].秦红岭,朱姝,译.武汉:华中科技大学出版社.

林源,2016.关于作为人类价值的遗产与景观的佛罗伦萨宣言(2014):促进和平与民主社会的文化遗产和景观价值的原则与建议宣言[J].建筑师(2):63-66.

李金路,陈耀华,吴承照,等,2020.自然保护地体系:中国方案[J].城市规划,44(2):50-58.

齐欣,2021.世界遗产魅力与我们的使命:与中国世界遗产专家郭旃对话[N].人民日报海外版,2021-08-02(11).

史蒂文·布朗,2020."连接自然与文化":西方哲学背景下的全球议题[J].韩锋,程安祺,译.中国园林,36(10):11-17.

徐琪歆,2013.布兰迪修复理论之"修复的概念"[J].艺术设计研究(2):91-95.

徐青,韩锋,2016.西方文化景观理论谱系研究[J].中国园林,32(12):68-75.

徐青,2019.风景名胜区文化景观价值体系研究:以庐山为例[M].北京:中国建筑工业出版社.

珍妮·列农,韩锋,2016.澳大利亚景观保护史[J].中国园林,32(12):63-67.

张松,2022.历史城市保护学导论:文化遗产和历史环境保护的一种整体性方法[M].3版.上海:同济大学出版社.

ARMSTRONG H,2001.Report 1:Setting the Theoretical Scene.Investigating Queensland's Cultural Landscapes:Contested Terranis Series[R].Brisbane:Cultural Landscape Research Unit(QUT),The Queensland Government's Environmental Protection Agency(Cultural Heritage Branch).

ASBAGH N B,2022.Proceeding of 5th International Conference of Contemporary Affairs in Architecture and Urbanism,May 11-13,2022[C].Alanya:Alanya University.

Australia ICOMOS,1999.The Burra Charter:The Australia ICOMOS Charter for Places of Cultural Significance 1999[R].Sydney:Australia ICOMOS.

Australian Heritage Commission,2001.Australian Historic Themes:A Framework for Use in Heritage Assessment and Management[R].Canberra:Australian Heritage Commission.

BENDER B,2006.Chapter 19:Place and Landscape[M]// Tilley C,Keane W,Küchler S,et al.Handbook of Material Culture.Spyer:SAGE Publications Ltd.:303-333.

Centennial Park and Moore Park Trust,2003.Conservation Management Plan[R/OL].[2024-07-10].https://www.centennialparklands.com.au/about-us/planning/conservation-management-plan.

Centennial Park and Moore Park Trust,2018.Centennial Parklands Plan of Management:2018 and beyond[R/OL].[2024-08-27].https://www.centennialparklands.com.au/getmedia/1d8e3134-c077-40a6-8dbf-f12d4b4c5efa/Centennial-Parklands_Plan-of-Management_Final-July-2018.pdf.aspx.

COSGROVE D,DANIELS S(eds),1988.The iconography of landscape[M].Cambridge:Cambridge University Press.

ICOMOS-IFLA,2017.ICOMOS-IFLA Principles Concerning Rural Landscapesas Heritage[R/OL].[2024-08-27].https://www.icomos.org/images/DOCUMENTS/Charters/GA2017_6-3-1_RuralLandscapesPrinciples_EN_adopted-15122017.pdf.

JACKSON J B,1984.Discovering the Vernacular Landscape[M].New Haven:Yale University Press.

JORGE O,2009.Volume 6:Future Anterior[M]// Boito C,Birignani C.Restoration in Architecture:First Dialogue.Minneapolis:University of Minnesota Press:68-83.

KERR J S, 2013. The Seventh Edition Conservation Plan[R/OL].[2024-07-10]. https://openarchive.icomos.org/id/eprint/2146/1/ICOMOS-Australia-The-Conservation-Plan-7th-Edition.pdf.

MITCHELL N, RÖSSLER M, TRICAUD P M, 2009. World Heritage Cultural Landscapes: A Handbook for Conservation and Management[R]. Paris: UNESCO World Heritage Centre.

SAUER C O, 1925. The Morphology of Landscape[J]. University of California Publications in Geography, 2(2): 19-53.

SMITH A, JONES K, 2007. Cultural Landscapes of the Pacific Islands[R]. Paris: International Council on Monuments and Sites.

TAYLOR K, 2009. Cultural Landscapes and Asia: Reconciling International and Southeast Asian Regional Values[J]. Landscape Research, 34(1): 7-31.

The United Nations Educational, Scientific and Cultural Organization, 2014. Safeguarding Precious Resources for Island Communities[R]. Paris: UNESCO.

UNESCO World Heritage Centre, 2011. Recommendation on the Historic Urban Landscape[R]. Paris: UNESCO World Heritage Centre.

UNESCO World Heritage Centre, 2023. Operational Guidelines for the Implementation of the World Heritage Convention[R]. Paris: UNESCO World Heritage Center.

VERSCHUUREN B, MALLARACH J, BERNBAUM E, et al., 2021. Cultural and Spiritual Significance of Nature Guidance for Protected and Conserved Area Governance and Management[R]. Gland: IUCN.

WHITEHEAD J, 1985. The Urban Landscape: Historical Dimension and Management[M]. London: Academic Press.

WYLIE J, 2007. Landscape[M]. Abingdon: Routledge.

彩色图版

图 1.1　克吕尼修道院

图 1.16　始建于 16 世纪的瑞典德罗特宁霍尔摩皇宫

图 1.17　文艺复兴时期的波波利花园　　图 1.18　让-巴蒂斯·卡米耶·柯洛绘制的风景画

图 1.21　皇家国家公园（澳大利亚）

图 1.25　西班牙阿兰胡埃斯文化景观

图 1.26　中国红河哈尼梯田文化景观

图 1.27　澳大利亚乌鲁鲁-卡塔丘塔国家公园

图 2.2　16 世纪的风景画

图 3.2　巴米扬谷的文化景观和考古遗迹

图 3.3　武陵源风景名胜区

图 3.4　澄江化石遗迹

图 3.5　新疆天山

图 3.6　黄渤海鸟类迁徙地

图 3.7　三江并流保护区

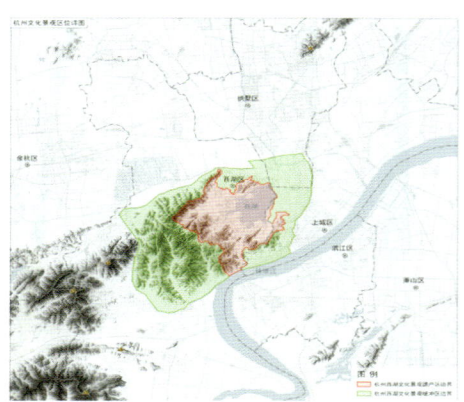

图 3.8　遗产及其缓冲区

（左：杭州西湖文化景观；右：澳大利亚乌鲁鲁-卡塔丘塔国家公园）

图 3.9　百年纪念公园地

图 3.11　公园地的骑马活动

图 3.12　公园地平面图

图 3.13　公园地的丰富景观

图 3.14　（左一右）总督像；马车大道；花园式景观

图 4.2 高岛

图 4.3 环礁

图 4.4 马卡泰阿岛

图 4.10 圣克鲁斯教会学校与威尔逊主教

图 4.11 帕劳的旧宣教教堂

图 4.14 灌溉芋头花园

图 4.18 传统斐济村庄纳瓦拉村

图 4.21　复活节岛上的摩艾雕像　　　　图 4.22　Ra'iatea 岛上的石头建筑群遗址

图 4.24　瓦努阿图卢甘维尔海岸生锈的军事装备

图 4.25　（左—右）位于马绍尔群岛的核废物填埋场；比基尼环礁进行的首次核试验

图 5.5 牯岭镇

图 5.7 在庐山如琴湖观光的游客

图 5.10 庐山仙人洞景观

图 6.4　（上—下）峰墙与峰丛景观；峰林；天生桥